Esperança
apesar do mal

A ressurreição
como horizonte

andrés torres queiruga

Esperança apesar do mal

A ressurreição como horizonte

paulinas

Dados Internacionais de Catalogação na Publicação (CIP)

(Câmara Brasileira do Livro, SP, Brasil)

Torres Queiruga, Andrés
  Esperança apesar do mal : a ressurreição como horizonte / Andrés Torres Queiruga ; [tradução Pedro Lima Vasconcellos]. – São Paulo : Paulinas, 2007. – (Coleção algo a dizer)

  Título original: Esperanza a pesar del mal : la resurrección como horizonte
  Bibliografia
  ISBN 978-85-356-1889-1
  ISBN 84-293-1596-9 (ed. original)

  1. Esperança 2. Ressurreição I. Título II. Série.

06-9167   CDD-234.25

Índice para catálogo sistemático:
1. Esperança : Doutrina cristã   234.25

Título original: *Esperanza a pesar del mal: la resurrección como horizonte*

© 2005 by Editorial Sal Terrae, Santander (Espanha).

Direção-geral:	*Flávia Reginatto*
Conselho Editorial:	*Dr. Afonso M. L. Soares*
	Dr. Antonio Francisco Lelo
	Dr. Francisco Camil Catão
	Ms. Luzia M. de Oliveira Sena
	Dra. Maria Alexandre de Oliveira
	Dr. Matthias Grenzer
	Dra. Vera Ivanise Bombonatto
Editores responsáveis:	*Vera Ivanise Bombonatto*
	Afonso M. L. Soares
Tradução:	*Pedro Lima Vasconcellos*
Copidesque:	*Anoar Jarbas Provenzi*
Coordenação de revisão:	*Marina Mendonça*
Revisão:	*Alessandra Biral e Jaci Dantas*
Direção de arte:	*Irma Cipriani*
Gerente de produção:	*Felício Calegaro Neto*
Capa e projeto gráfico:	*Manuel Rebelato Miramontes*

Nenhuma parte desta obra poderá ser reproduzida ou transmitida por qualquer forma e/ou quaisquer meios (eletrônico ou mecânico, incluindo fotocópia e gravação) ou arquivada em qualquer sistema ou banco de dados sem permissão escrita da Editora. Direitos reservados.

Paulinas
Rua Pedro de Toledo, 164
04039-000 – São Paulo – SP (Brasil)
Tel.: (11) 2125-3549 – Fax: (11) 2125-3548
http://www.paulinas.org.br – editora@paulinas.com.br
Telemarketing e SAC: 0800-7010081

© Pia Sociedade Filhas de São Paulo – São Paulo, 2007

A Francesco Marini,
testemunha lúcida,
generosa e humilde
da esperança evangélica
nos cinco continentes.
Hoje, tão distante, tão próximo,
em sua missão de Jacarta.

Prólogo

Também para os livros há, ou deveria haver, uma paternidade responsável. Este, concretamente, não teria visto a luz se não o houvesse possibilitado uma circunstância especial. No início do mês de outubro de 2004, recebi o convite para participar do congresso anual organizado pela Conferência Episcopal da Colômbia. Três exposições para três dias e sobre um tema nada fácil, como é o da esperança, representavam um autêntico desafio. Mas não podia negar-me. E o presente livro é o resultado.

Sua gênese explica a estrutura e inclusive, em boa medida, o estilo. Espero que também o interesse que possa despertar. A necessidade de concentrar a abordagem em três núcleos exigia uma visão sintética, que fosse ao essencial e permitisse ver com clareza suficiente o desenvolvimento do discurso. Afortunadamente, de maneira quase espontânea, pude associar cada um desses núcleos a três vetores fundamentais de minha ocupação e de minha preocupação teológica. Da intersecção entre os núcleos temáticos e as preocupações pessoais resultaram assim três capítulos, cada um dos quais abordando um aspecto importante da esperança.

Espero que desse modo a exposição tenha ganhado em vivacidade e clareza; ou que, ao menos, facilite a compreensão de um discurso que, tratando de ir ao essencial, talvez tenha resultado mais denso que o desejável. A generosa acolhida que ele teve no Congresso é possivelmente um bom indicativo.

O primeiro capítulo — "Elpidologia: a esperança como existencial humano" — procura ir à raiz da esperança, a seu *enraizamento no humano* como tal. Com uma dupla intenção. Antes de tudo, para que, ao ficar patente sua profundidade, apareça também seu caráter universal, de interrogante comum e tarefa unitária. As divisões em sua concepção e nas conseqüentes tentativas de resposta existem e são inevitáveis. Por isso, as referências filosóficas se mostraram aqui particularmente intensas. Desse modo, a esperança religiosa aparece com mais clareza em seu caráter de resposta particular e concreta.

E disso se depreende a segunda intenção: situar a esperança cristã nessa comunhão prévia permite impedir que ela seja vista como algo isolado, como um meteorito caído de um céu alheio às preocupações humanas. Na realidade, isso é algo que urge fazer com todas as dimensões fundamentais do cristianismo. Para a esperança, no mundo atual, essa urgência se faz especialmente notória: há que fazer patente que ela só tem sentido se, entrando em diálogo com as demais respostas, contribui para tornar mais plena e autêntica — mais humana — a esperança comum que habita as entranhas íntimas de todos os homens e mulheres.

Como "excurso", acrescentei um texto sobre a *saudade*, fenômeno não exclusivo, mas muito típico da cultura galego-portuguesa e que, a meu ver, pode esclarecer um aspecto decisivo do profundo e comum enraizamento antropológico da esperança. Não indispensável para o discurso principal, pode ser de interesse, com efeito, para quem sinta alguma curiosidade por esse tema.

O segundo capítulo — "A estrutura fundamental da esperança bíblica" — se insere já no terreno concreto da resposta cristã. Mas, renunciando à análise da evolução e das formas concretas das esperanças na Bíblia e na Tradição, centra-se num problema tão radical quanto descuidado na teologia: a necessidade de revisar o *esquema geral* em que se enquadra. Um esquema que, herdado de um tempo que já não é o nosso, vê toda a história sob a seqüência *paraíso — queda — castigo — redenção — glória*; seqüência que está profundamente incrustada no imaginário coletivo, tanto secular como religioso. A intenção é mostrar que é preciso rompê-la recorrendo a uma leitura atualizada da simbologia bíblica e apoiando-se na imagem de um Deus levado a sério em seu amor incondicional. Se não se alcança isso, a visão cristã da esperança parecerá indigna de credibilidade aos olhos da cultura e letalmente venenosa para a fé.

Esta intenção se articula com a preocupação, para mim cada vez mais central, de recuperar em toda sua força e conseqüência o valor religioso da criação por amor. Por sorte, esta preocupação permite recuperar impulsos que aparecem já na tradição mais antiga e que propiciam um esquema radicalmente distinto: *criação — crescimento histórico — culminação em Cristo — glória*. Ou seja, um esquema que, em lugar de ver um "deus" que castiga implacavelmente uma falta original, não só expulsando do paraíso e introduzindo o sofrimento e a morte no mundo, mas exigindo também o sacrifício de seu Filho para outorgar o perdão, propõe uma seqüência radicalmente distinta: a do Deus que por amor traz ao ser uma criatura que — como não poderia deixar de ser — nasce imperfeita, mas cujo crescimento ele sustenta incansável ao longo de uma história que culmina em Cristo e que, graças à ressurreição, se abre à esperança da glória definitiva, sem sombras nem fissuras.

O terceiro capítulo — "A realização da esperança: o mal a partir da cruz e da ressurreição" —, como indica o próprio enunciado, tenta encarar as dificuldades que a concepção de princípio tem de enfrentar ao se traduzir na vida dos indivíduos e na história dos povos. Sobretudo, diante da grande e terrível experiência do mal, que com suas duras e irrefutáveis arestas ameaça reduzir à mera especulação teórica ou à simples projeção desiderativa todo o discurso da esperança. Creio que o cristianismo, sobretudo graças à dialética cruz–ressurreição, tem em sua tradição uma resposta que pode abrir os melhores horizontes.

Mas também estou convencido — e aí se situa a preocupação associada a este capítulo — de que ainda estamos muito distantes de apresentar à consciência coletiva uma articulação teórica aceitável. O peso de uma tradição de séculos nos impediu de superar os pressupostos que tornam inviável uma resposta adequada aos desafios da cultura secularizada, que converteu a objeção do mal em "rocha do ateísmo". O capítulo trata de enfatizar que, levando igualmente a sério tanto o desafio como as possibilidades da nova situação, a esperança cristã pode manter, hoje como ontem — e talvez hoje melhor que ontem —, o valor de sua proposta. Não, é claro, porque vá convencer a todos, mas, sim, no sentido de que estará em condições de mostrar um rosto coerente e oferecer um projeto passível de ser vivido.

Como conclusão, confesso que a redação original era algo mais simples e, sobretudo, mais austero nas notas e referências. Como era de esperar, a última redação, ao converter em livro o texto inicial, ofereceu a ocasião para matizá-lo em alguns pontos e enriquecê-lo em outros. O respeito por seus possíveis leitores e leitoras e esse afã quase incoercível de todo autor por explorar o melhor possível o campo de seu tema adensaram um pouco mais a exposição. Atrevo-me a esperar que também a tenham enriquecido, ao menos nessa mesma medida.

ANDRÉS TORRES QUEIRUGA

capítulo 1

Elpidologia: a esperança como existencial humano

"Se a meta é comum, por que este desamor no percurso?"[1]

A esperança pertence ao grupo de vivências ou experiências fundamentais que chegam ao fundo da existência, mobilizando as forças da vida e suscitando as questões do sentido. Em última instância, o problema da esperança coincide com o problema da existência humana: manifesta-a em um de seus aspectos radicais. Laín Entralgo expressou-o bem: "A primeira coisa que se deve afirmar acerca da esperança é a profundidade e a universalidade de sua implantação no coração do homem".[2] E não sem razão P. Landsberg, citado por ele, pôde afirmar: "Somos esperança".[3] A partir daí, desse caráter profundo e totalizante, se compreende bem a insistência de Gabriel Marcel: a esperança é *mistério*.[4]

I. A nova situação cultural: necessidade de uma "elpidologia"

Mistério, no sentido radical de afetar à pessoa humana como tal, de sorte que seu sentido e sua significação nunca podem ser explorados, e menos ainda esgotados, em toda sua riqueza. A esperança em seu sentido mais profundo — e assim enuncio uma de minhas hipóteses de trabalho — se situa num nível que é prévio a toda filosofia, a toda ideologia e inclusive a toda religião. Estas são já, justamente, *respostas* ou tentativas de resposta à abissal pergunta que esse mistério apresenta para todo homem e toda mulher.

Essa característica explica a peculiar situação da esperança em nossa cultura.[5] Se antes sua consideração pertencia quase exclusivamente ao âmbito religioso, hoje o extravasou amplamente, passando a converter-se em preocupação geral. Inclusive é bem conhecido o fato de que sua mais chamativa revivescência na teologia — justamente a *Teologia da esperança*, de Jürgen Moltmann[6] — se deve em boa medida ao impulso proveniente da filosofia: refiro-me a *O princípio esperança*, de Ernst Bloch.[7]

Nesse sentido se falou de *secularização* da esperança, até o ponto de considerar tal diagnóstico como algo seguro e adquirido. No entanto — e confesso que demorei a dar-me conta desse importante matiz —, isso é apenas uma verdade parcial. E ocorre, como com toda verdade parcial, que em sua tendência a converter-se em total se torna injusta e inclusive pode resultar superficial. Porque, a rigor, a esperança não se "secularizou", posto que, hoje como ontem, também a religião continua ocupando-se dela, e em certos aspectos com mais profundidade e intensidade que nunca.

O que ocorreu é algo mais sutil e profundo: a preocupação por compreender a esperança se *universalizou*. O processo de secularização, ao mostrar a religião como *uma* resposta específica, nos fez notar a justa e precisa situação da esperança: a de uma dimensão constitutiva que, como interrogante último e radical, afeta o *humano como tal*. E nesse mesmo processo descobrimos, ao mesmo tempo, dois aspectos importantes: o caráter particular das distintas respostas e a evidência de que todas elas respondem a uma tarefa comum, a saber, o esforço por encontrar aquela que seja a melhor para o bem de todos. Pois é claro que a diferença está nas respostas, não na pergunta, a qual, sendo humana, afeta a todos igualmente.

Se se compreende bem isto, percebe-se que não faz sentido essa *fatal disposição polêmica* introduzida pelas lutas que marcaram a entrada da Modernidade e que, infelizmente, continuam ainda operantes nos reflexos e rotinas da discussão cultural. Em lugar do afã cainita em desqualificar ou anular o outro, o que verdadeiramente interessa é o diálogo fraterno; e, com ele, a busca de complementação, na consciência de que nenhuma resposta isolada será capaz de saciar totalmente essa fome abissal que se abre nos porões donde brota a esperança. Daí que o primeiro dever de uma abordagem que queira ser realmente moderna e justamente secular consista no esforço por elaborar bem a pergunta comum. Só depois, a partir dessa elaboração e em segundo lugar, cabe proceder à análise, ao diálogo e, se possível, à mútua fecundação entre as possíveis respostas.

Este primeiro momento bem poderia ser o papel de uma *elpidologia* (de *elpís*: "esperança") de novo tipo: um tratamento que, antes de discutir as soluções, se preocupa por abrir em toda sua profundidade o interrogante decisivo. E, mais concretamente, um tratamento que, em lugar de estabelecer a disjuntiva entre religião e ateísmo, reconhece a comunidade do ponto de partida e busca a possibilidade de um novo encontro ou, ao menos, da colaboração nos trajetos ainda unitários que se abrem antes de chegar à bifurcação das respostas. É o que diz bem, em forma de pergunta, a epígrafe deste capítulo: "Se a meta é comum,/por que este desamor no percurso?".

2. O âmbito da esperança

A profundidade misteriosa da esperança é de tal calibre que suas raízes vão mais além do humano, alcançando todo o real. Enquadrá-la nesse horizonte universal ajudará a compreender melhor sua especificidade.

2.1. Enraizamento ontológico e "espera" cósmica

Para começar, não custa lançar um olhar, ainda que muito rápido, ao enraizamento da esperança nas entranhas mesmas da realidade, de toda a realidade. Foi mérito de Ernst Bloch ter insistido nisso: "Expectativa, esperança e intenção voltadas para a possibilidade que ainda não veio a ser: este não é apenas um traço básico da consciência humana, mas, retificado e compreendido concretamente, uma determinação fundamental em meio à realidade objetiva como um todo".[8] O mundo não é um todo redondo e enclausurado em quietude auto-satisfeita. Ao contrário, é dinamismo em constitutiva insatisfação: "Está, antes, repleto de disposição para algo, tendência para algo, latência de algo".[9] Todo ele borbulha de "latências e potências": do que ainda não é, mas que tende a ser; de capacidades à espera de realização; de conflitos e transtornos que pedem equilíbrio; de frustrações que tendem a serem curadas; de deficiências em busca de plenitude; de fomes que anseiam serem saciadas.

É a ontologia do *ainda-não* como marca indelével de uma realidade que, sendo algo, não é tudo o que poderia ser, e que por isso se mostra como tratando irrefreavelmente de sê-lo. Bloch tem razão. Na realidade, se bem olhamos, esta intuição esteve presente de algum modo ao longo de toda a cultura, pois inclusive as próprias concepções cíclicas do tempo viam sempre o presente como transição a um estágio ulterior (o próprio Nietzsche, que tão mal fala da esperança e reedita a doutrina do "eterno retorno", considera o homem atual como um estágio intermediário, em direção ao "super-homem"). Em todo caso, a descoberta da *evolução* para a realidade cósmica e da *história* para a realidade humana converteu essa intuição ancestral em uma evidência cotidiana que permeia nossa cultura, de sorte que hoje não podemos compreender verdadeiramente nada independentemente de sua gênese e dos processos de seu desenvolvimento.

Nesse sentido amplo, cabe — como já o fizera são Paulo — falar de uma esperança, ou melhor, de uma *espera cósmica*, que se diversifica conforme os diferentes tipos de realidade. Laín Entralgo, que criticou a falta de suficiente atenção a esse aspecto em Moltmann e Pannenberg e inclusive em Bloch,[10] faz um ampla recuperação de suas modalidades. Para percebê-las em sua riqueza, vale a pena, ainda que seja quase como mera enumeração, indicar os modos de sua presença no longo trajeto que vai da matéria ao espírito:[11]

Na realidade *mineral*, assinala como características a inércia, a conservação da energia e a indeterminação (52-54). Em relação à realidade vegetal e animal, indica: "Em sua essência mesma, a vida orgânica é futurição determinada e determinante" (55). Na *vegetal*, se manifesta como "expectação passiva e inconsciente: o vegetal existe quieta e assimilativamente aberto a seu meio" (56). Na vida *animal*, tudo já resulta mais rico e complexo: "A vigília e o sono, a captura e a saciedade, o repouso e o jogo, a agressão e a fuga são os ciclos e ritmos da existência animal sadia ou normal" (57). O animal vive em estado de alerta, de espera vigilante, em pretensão... (59); aproxima-se, portanto, do que será a esperança humana; mas Laín, indicando que se afasta "da letra de santo Tomás, mas não do espírito", afirma que o animal é capaz de "espera", mas não de "esperança" em sentido próprio (64; cf. 56-66).

E, permanecendo ainda nesse nível, fala inclusive de uma biologia da *espera humana* (66-79). Nela o corpo é "esteio" e "condição positiva" da esperança propriamente dita (67). À diferença da do animal, que não pode resistir ao instinto, a espera humana é "projeto", e, como tal, supra-instintiva, supra-situacional, indefinida (70-72), com uma anatomia, fisiologia e patologia peculiares (72-77).

2.2. A esperança humana e seu estudo

Mas é claro que de esperança em sentido pleno e rigoroso só se pode falar em sua modalidade propriamente humana, pois é nela que o *ainda-não* toma consciência de si mesmo, se faz pergunta expressa e se converte em tarefa fundamental. A carência se experimenta como tal e a plenitude futura se faz presença antecipada, como que pertencendo de algum modo à definição do próprio ser. Kant teve razão ao situar na esperança uma das três perguntas fundamentais, definidoras da essência humana. Só encarando essa pergunta alcança-se coerência na compreensão do ser humano. Laín chega a afirmar: "Um homem sem esperança seria um absurdo metafísico".[12]

Por isso, a esperança não pode permanecer em constatação *estática*; ao contrário, deve converter-se necessariamente em movimento *extático*, em tarefa que, mobilizando o presente, abre-se ao futuro e põe em ação a própria vida. Bloch inicia sua obra fundamental, afirmando já na primeira página que "é necessário (*es kommt darauf an*) aprender a esperar", e estranha, talvez com algo de exagero mas não sem certa justiça, que a esperança permaneça quase tão completamente "inexplorada como a Antártida".[13] Conseqüentemente, assinala a necessidade de elaborar algo como "uma enciclopédia da esperança".[14]

Ele mesmo a empreendeu em sua obra capital e volta a ela em toda a sua produção. Laín Entralgo, por sua parte, esquematiza em duas partes uma pequena *história recente da esperança*.[15] A *primeira*, de 1940 a 1950, está marcada pela desesperança, com o existencialismo e o predomínio dos temas da angústia. A *segunda*, de 1950 a 1960, supôs uma inversão com o predomínio da esperança, sobretudo graças ao impacto de Bloch (que escreve em 1938-1947 e revisa em 1953 e 1959).

Laín, que escreve em 1978, se inclui na segunda parte. Mas, reconhecido isso, parece-me claro que então é preciso acrescentar um *terceiro* estágio caracterizado pela busca, mais ou menos consciente, de um certo equilíbrio. Instruído pelos dois anteriores, resulta, com efeito, menos unitário e mostra tendências contrapostas. Por um lado, está o *desengano pós-moderno* como uma espécie de retorno — menos dramático e comprometido, mais melancólico — do primeiro estágio. Por outro, produziu-se uma revivescência — mais crítica — do segundo, que, renunciando ao otimismo fácil, não se resigna a um conformismo acomodatício ou a uma angústia inativa.

Esse terceiro estágio não é talvez universalmente aceito, mas conta com uma forte e fecunda implantação. Mediante o cultivo da *razão anamnética*, que se esforça por manter presente a memória do sofrimento passado, não renuncia à esperança para as vítimas. Ao mesmo tempo, escaldado pelas falsas utopias produzidas pelos "monstros" da razão dominadora (os Auschwitz e os Gulag, a fome do Terceiro Mundo, os genocídios e a violência da África, do Oriente Médio e da própria Europa), não renuncia ao trabalho por melhorar um futuro que sempre será imperfeito, mas que pode ser melhor, menos horrível e algo mais racional.

Resulta alentador — eis um sintoma e uma confirmação da "universalização" a que se aludiu no início — observar que este movimento não apenas se produz ao mesmo tempo na filosofia e na teologia, mas, em geral, acontece num clima de (maior) diálogo. A Escola de Frankfurt, em filosofia, e a evolução da teologia da esperança, da teologia política e da teologia da libertação mostram bem o primeiro. O diálogo Bloch–Moltmann e Habermas–Metz, como pontos salientes de um processo muito mais amplo, confirma o segundo.[16]

Dada a situação do mundo, marcado a fogo por uma injustiça e uma violência tão irracionais que põem em questão a própria racionalidade humana, e dada a consciência, em crescimento exponencial desde o impacto da Revolução Francesa, de que enfrentar esses problemas constitui a tarefa fundamental para um planeta que não queira deixar de ser humano, é evidente que a elaboração de uma esperança crítica deve converter-se também em uma das preocupações fundamentais para a teologia atual.

2.3. Fenomenologia elementar da esperança

Tomando aqui "fenomenologia" não num sentido rigoroso e estrito, mas como descrição das manifestações da esperança na vida humana, cabe assinalar duas dimensões principais, que ajudem a ver tanto sua riqueza como o transcendental de suas perguntas.

A primeira é, digamos assim, de caráter *extensivo*, no sentido de que atende às distintas modalidades de que a esperança se vai revestindo em seu esforço por preencher de conteúdos o *ainda-não* da vida humana em busca de sua plenitude. Repassar *O princípio esperança* de Bloch resulta, nesse sentido, num exercício saudável e ilustrativo. Desde as esperanças mais elementares e concretas, como a de conseguir comida, às transcendentes e religiosas, como a de alcançar a vida eterna, se estende uma imensa gama que abarca o individual e o social, o privado e o político.

Essa gama se entrelaça com o espaço que vai do instintivo ao consciente, do impulsivo ao expressamente assumido: o instinto de conservação e a "fome", tão sublinhados por Bloch, se prolongam em duas direções fundamentais. Por um lado, nos *afetos*, sobretudo nos afetos de *espera*, como o medo, o temor, a esperança e a fé, que consistem em ser constitutiva tensão em relação ao futuro. Entre eles, Bloch considera justamente que o "afeto expectante" é a mais importante, "a mais humana de todas as emoções e acessível apenas a seres humanos".[17] Por outro lado, estão os *sonhos diurnos*, sonhos de "olhos abertos", que exploram o horizonte tratando de descobrir sempre novas possibilidades e que vão, desde os mais básicos das diferentes idades, que mobilizam as sucessivas etapas do trânsito da infância à velhice, até os mais elevados, que através da arte e da religião exploram as mais extremas possibilidades humanas.[18]

Contudo, mais que nos determos nesta dimensão extensiva, interessa aqui atender à profundidade *intensiva* que através dela se manifesta. É a que vai dos bens concretos ao bem total: *das esperanças à esperança*. A pessoa humana não é, afora casos patológicos extremos, uma multiplicidade dispersa, mas um projeto unitário; de sorte que as distintas realizações são sempre tentativas de antecipar a realização total; as esperanças parciais são afluentes que buscam sua unificação no rio unitário da esperança total e acabada. Laín Entralgo insiste lucidamente nesta implicação: "Esperar 'algo' supõe esperar 'tudo', ainda que o expectante não o sinta, e esperar 'tudo' só é possível concretizando o 'todo' em uma série indefinida de 'algos'".[19] Por isso o homem "espera sempre 'algo' e 'tudo' ao mesmo tempo". "A partir de sua concreta situação pessoal, o esperançado confia em 'ser homem', 'ser ele mesmo' e 'ser mais' em uma situação futura"; mais ainda: "Existir no mundo é 'estar sendo' a caminho ou na pretensão de 'ser plenamente'".[20]

Desde Aristóteles se reconheceu a *felicidade* (*eudaimonía*) como meta definitiva dessa aspiração.[21] As dificuldades surgem na hora de determinar a *figura concreta* que se atribui à felicidade. Vieram e vêm, sobretudo a partir da discussão ética acerca de que modelo de felicidade deve servir como critério supremo de moralidade, eudaimonismo individual ou universal, hedonismo, bem supremo... Mas não deveriam obscurecer o significado — elementar e fundamental — desta afirmação que todos entendem espontaneamente em sua referência à experiência ordinária: a felicidade como o estado em que, sem contradições, se realizariam todas as potencialidades, se manifestariam todas as latências e se cumpririam todos os desejos e aspirações que habitam o coração humano, individual e coletivo.

Para nosso tema, é justamente de importância decisiva reconhecer esta indeterminação, pois enquanto preserva sua abertura radical, mostra também o foco da possível plenitude. Tal abertura, com efeito, permite escalonar a reflexão e introduzir a diferença que, como foi dito, nossa situação cultural está exigindo.

3. A esperança como interrogante aberto

3.1. Esperança, felicidade e sentido

Estudando Paul Ricoeur, Jean Greisch indica bem que, neste nível, a idéia de felicidade "aparece como o equivalente prático da idéia de sentido".[22] O que faz compreender com clareza a idéia em que venho insistindo: situada a esperança em seu nível último, toda tentativa de elaborar uma compreensão dela se converte imediatamente em tarefa aberta, ou seja, em pergunta cuja resposta não pode ser dada já por alcançada, mas há de ser buscada e justificada. Nem a resposta religiosa — que permitia a santo Agostinho e à escolástica medieval traduzir sem dificuldade a *eudaimonía* aristotélica por *beatitude* ou vida eterna — nem a atéia — que tem como óbvio que qualquer tradução só é possível na mera imanência mundana — podem ser tomadas em princípio como indiscutíveis.

(A única coisa indiscutível só poderia ser um fenômeno que se situe na abertura da pergunta, sem dar ainda por resolvida a figura da resposta.

Creio que talvez responda a isso o fenômeno que em nossa cultura galego-portuguesa chamamos *saudade*, com afinidades profundas com a *Sehnsucht* romântica ou a *dor* romena e que pessoalmente — situando-a mais profundamente que a própria *Angst* heideggeriana — defini como a "inocência do sentimento", ainda não decidido como "angústia" nem como "esperança". Estas, com efeito, são já uma tradução concreta da *saudade*, conforme o sujeito encontre ou creia encontrar um fundamento que lhe permita preencher sua abertura, convertendo-se então em *esperança*; ou, ao contrário, deixe de encontrá-lo, caindo então na *angústia*).[23]

Em qualquer caso, o decisivo é reconhecer que a abertura radical transparece na pergunta kantiana "Que nos é dado esperar?". Kant, como é bem sabido, acaba dando-lhe uma resposta religiosa mediante o postulado prático de Deus como garantia definitiva. Mas *antes* faz ver que se trata de um interrogante universalmente *humano*; até o ponto de que não só afirma que pertence às três perguntas nas quais "se unifica todo o interesse de minha razão, tanto o especulativo como o prático", como também reconhece nela a única que "é prática e teórica ao mesmo tempo".[24] E as três se conjugarão na quarta: "Que é o homem?".[25] (A esta profundidade alcançada pela pergunta, alude o título deste primeiro capítulo ao falar de "existencial".[26])

3.2. Esperança e fundamento

Situar a consideração neste nível permite dar um passo a mais na reflexão, sublinhando um traço fundamental da esperança e que é crucial para nossa questão, pois indica a não total disponibilidade do próprio ser para nós mesmos. A esperança é sempre do não seguro, do "que não se vê" (como diz a Carta aos Hebreus 11,1): refere-se a algo que de algum modo *confiamos* alcançar, mas que por isso mesmo não temos: "*Bonum arduum, futurum et possibile*", dizia santo Tomás.[27] Por isso "esperamos" e não "estamos seguros" — não vemos —; ou seja, ficamos referidos a algo que não está totalmente disponível, que não depende *só* de nós. Daí a necessidade de um *motivo ou fundamento* que sirva de mediação entre o desejo e a realização, entre a espera e a esperança. Propriamente, o adágio tomista deveria explicitar-se: "*Bonum arduum, futurum et possibile quia non totaliter in propria potestate*" ("... porque não totalmente em nosso poder").

A conseqüência é óbvia: a realização da esperança plena — a felicidade ou *eudaimonía*, como queira que se a defina no momento — será possível *se e apenas se* existir um fundamento suficiente para a mesma. Da existência ou não desse fundamento dependerá a possibilidade ou impossibilidade da esperança; e o modo de concebê-lo determinará suas modalidades.

Tudo isso pode dar a impressão de um discurso muito complexo. Na realidade, com ele não fizemos mais que chegar por um largo rodeio teórico à pergunta talvez mais radical, mas também mais elementar e universal da humanidade. Reconhecendo a fundamentalidade da esperança, de sorte que, por um lado, nela se joga nosso ser e, por outro, que seu cumprimento não está totalmente em nosso poder, é possível a felicidade, ou seja, podemos aspirar a satisfazer a plenitude que se anuncia — ou parece anunciar-se — na esperança, quando esta adquire sua figura mais total e definitiva? Podemos esperar a realização plena a que aspira nosso ser mais íntimo e radical?

Tradicionalmente as *religiões* deram uma resposta afirmativa, pois definitivamente esse é o significado de sua oferta de *salvação*. Davam-na apesar das contradições concretas que a assaltam a cada dia e, sobretudo, apesar da presença terrível do mal, porque contavam com um *fundamento* adequado. As modalidades podiam ser distintas, mas esse fundamento era, em última instância, o mesmo: o Divino como apoio capaz de superar as contradições e vencer o mal; o qual, fora de certos sonhos milenaristas, implicava o reconhecimento de que a realização plena não pode ser imanente, mas só é possível incluindo nela um mais além *transcendente*. Sempre houve algumas dúvidas, sobretudo de caráter prático e vivencial; mas, em conjunto, era uma evidência teórica, bem respaldada por uma sólida plausibilidade social.

A situação se tornou distinta para nós, pois a crise da Modernidade mudou radicalmente o panorama: a evidência teórica foi questionada e a plausibilidade social começou a se desfazer. A resposta religiosa não desapareceu, certamente. Mas, por um lado, deixou de ser indiscutida, e além disso ficou sob a suspeita do escapismo ou da alienação; por outro, já não é a única, mas há de competir com outras ofertas, positivas ou negativas, de sentido e esperança.

Isso não significa, é claro, que os *crentes* devam renunciar a sua pretensão de verdade. Só que já não podem tomá-la como suposta. Agora devem reconhecer o peso das razões contrárias, entrando em um diálogo que enfrente as críticas e ofereça as razões. Um duro desafio e uma longa tarefa que não podem ser obviados e que não poucas vezes causam profunda inquietação.

Mas que têm também suas vantagens. A primeira: que desse modo a proposta cristã tem a oportunidade de se purificar pela crítica e de se enriquecer com os aportes das demais propostas. Adolf Gesché insistiu neste ponto, falando da "paganidade indispensável" com que deve enriquecer-se a esperança cristã, pois compreendemos que só *todos juntos* podemos atender à complexidade do humano.[28] A segunda: que desse modo a fé não faz mais que voltar a suas origens mais genuínas, retomando uma preocupação que desde o primeiro momento reconheceu como constitutiva para sua presença pública: a de estar "sempre prontos a dar razão da vossa esperança a todo aquele que vo-la pede" (1Pd 3,15).

4. As respostas não religiosas

A situação cultural agudizou ao extremo as grandes e eternas perguntas. O que acontece quando tentamos *totalizar* a esperança pondo em jogo todo nosso ser? Qual é seu objeto quando descemos a seu nível fundamental? Nas palavras de Bloch: "O que esperamos? O que nos espera?".[29] Na nova situação continua sendo possível e real a plenitude que a resposta religiosa espera ou, pelo contrário, devemos resignar-nos aos limites e contradições de uma realização meramente mundana? Esse é hoje o grande dilema. Agudizando-o, Bloch o formulou em sua última entrevista dizendo que, em última instância, é preciso escolher entre "niilismo" ou "metafísica da esperança".[30]

4.1. As posturas extremas

A renúncia à resposta religiosa levou a distintas alternativas, que por clareza cabe dividir em duas posturas extremas, que acabam negando o ser mesmo da esperança, e várias outras de caráter intermediário, que resultam mais sutis e matizadas, porque nem renunciam à esperança nem se atrevem a afirmá-la expressamente. Estas últimas vivem a insatisfação da pura imanência, sem dar o passo de afirmar a transcendência. Mas, por isso mesmo, como veremos, resultam especialmente significativas para uma resposta religiosa que queira ser verdadeiramente crítica e estar em contato vivo com as inquietações atuais.

As *posturas extremas* oferecem rostos contrapostos: umas negam a esperança por excesso, enquanto dela não precisam, porque crêem ter clara segurança acerca do futuro; as outras desesperam dela, porque negam simplesmente a possibilidade de um futuro positivo.

As primeiras, com efeito, negam a esperança transcendente, porque, definitivamente, os que a sustentam estão convencidos de conhecer a solução para a grande pergunta humana. O otimismo ilustrado do *progresso* e grande parte do *evolucionismo* do século XIX estão nesta linha. Caso típico são as formas mais simples do *materialismo dialético*, que vêem o futuro tão determinado por leis necessárias, que acabarão realizando-o de maneira inexorável.[31]

Na mesma linha, junto dessas modalidades taxativas, estão outras não tão decididas, seja porque, limitando excessivamente o alcance da liberdade humana, tornam o futuro mais ou menos previsível, como parecem sustentar certas correntes da psicologia e certos determinismos advindos da genética, seja porque crêem ler com segurança a figura final da história nos dinamismos cósmicos e no processo da hominização. Este último poderia ser, de algum modo, o caso de Teilhard de Chardin (só de algum modo, pois ele conta expressamente com o apoio da Transcendência: *Foi en Haut et en Avant*).[32]

A orientação das segundas posturas extremas é de sentido contrário: não há esperança, porque não há verdadeiro futuro, posto que o mundo é *absurdo*. Schopenhauer abre uma linha de ênfase pessimista que, com diversas ramificações, chega a nossos dias com autores como Cioran ou certas formas do desencanto pós-moderno. O existencialismo, com o Sartre de *O ser e o nada* como expoente máximo, abriu outra frente mais diferenciada, mas de enorme repercussão cultural, bem representada pelo "teatro do absurdo" das décadas de 1950 e 1960, com autores como Beckett e Ionesco.[33]

4.2. As posturas intermediárias

As posturas "intermediárias" o são porque não renunciam à esperança, mas estão marcadas por este clima e muito escaldadas pela história. Por um lado, sentem com vivacidade as contradições do real; mas, por outro, não querem nem render-se ao absurdo nem entregar-se à Transcendência.

A Escola de Frankfurt, com sua *dialética negativa*,[34] representa todo um paradigma: não se pode afirmar um final positivo: nisso ela é taxativa; mas se pode e se deve trabalhar, tratando de eliminar o quanto possível as negatividades concretas do presente. Camus, mais vivencial, é talvez mais pessimista, mas vai em direção idêntica: insiste no absurdo e o sustenta com vigor no nível da "sensibilidade"; mas — coisa que se costuma esquecer — advertindo expressamente que não o toma como conclusão, mas "como um ponto de partida". Por isso, não eleva sua afirmação ao nível de "nenhuma metafísica", nem de "nenhuma crença".[35] Daí que tampouco renuncie ao trabalho histórico ou negue de todo um certo sentido e uma certa esperança.

Esse tipo de respostas se enquadra numa sensibilidade muito difundida hoje, que busca por diversos caminhos um *transcender sem Transcendência*: de Ernst Bloch a Luc Ferry[36] se estende toda uma gama diferentemente matizada. Até o ponto de existirem tentativas de interpretar quase toda a grande filosofia moderna sob este prisma de uma "imanência interiorizada" e "horizontal", sem excluir dela nem mesmo Kant e Kierkegaard, Blondel e Marcel.[37] Claro que isso tem como contrapartida ver que também Schopenhauer, Nietzsche ou o próprio Sartre, "que se têm como imanentistas", "reintroduzem sub-repticiamente o transcendente: a santidade ou o querer-viver, o super-homem ou o eterno retorno, a evolução das espécies, a história ou o devir do Espírito são outras tantas realidades impessoais, exteriores e superiores à experiência individual, que englobam a subjetividade e fabricam seu destino sem ela".[38]

Convém sublinhá-lo, porque este fenômeno resulta enormemente significativo, pois manifesta ao mesmo tempo o vazio deixado pelas respostas meramente imanentes e a dificuldade de aceitar a resposta transcendente. A "nostalgia do absolutamente outro", expressa por Horkheimer, e a afirmação de Camus — "jamais partirei do princípio de que a verdade cristã é ilusória, mas unicamente do fato de que eu não pude entrar nela"[39] — mostram-no de maneira mais concreta e cordial. Por isso mesmo, constituem também um chamado a reinterpretar teoricamente e a configurar praticamente a esperança cristã, de modo que possa ser compreendida em seu verdadeiro sentido.

5. A resposta religiosa

5.1. A mudança de clima cultural

Com efeito, o panorama traçado, embora muito esquemático, permite compreender em seu verdadeiro sentido a tarefa de uma resposta religiosa dentro da cultura atual. Por um lado, conta com a ajuda de um clima sensibilizado e curado de simplismos, o que lhe facilita a articulação com as inquietações reais do tempo. E, por outro, se encontra com a dificuldade de que os interrogantes se fizeram mais agudos e as questões mais complexas, o que exige coragem autocrítica diante do passado e honesta abertura para o novo e o outro.

Ficou desvelada a ingenuidade daquele *otimismo* que suprimia toda esperança transcendente apoiando-se em que o progresso humano, a evolução cósmica ou o trabalho histórico assegurariam um final feliz. Essa expectativa foi feita em pedaços sob os duros golpes de uma natureza que, com suas catástrofes, deixa ver a impotência humana apesar dos avanços técnicos, e, sobretudo, de uma história que continua oferecendo armas em lugar de pão, produzindo violência e injustiça, opressão do humano e destruição do meio ambiente; que nem sequer nos livra da ameaça de acabar com a vida no planeta.[40]

Neste sentido, a *pergunta* pela esperança continua hoje intensamente viva.

Inclusive um autor como Adorno, que insiste tanto na negatividade, não se cansa de repetir que, apesar de tudo, "a esperança em uma reconciliação é a companheira do pensamento irreconciliável",[41] e que "afirmar positivamente que a vida não tem sentido seria exatamente tão disparatado como é falso o seu contrário" (p. 377). Reconhece inclusive a força de um dinamismo objetivo, de um apelo do real em direção à esperança: "O abstrato niilismo teria de emudecer ante a réplica: por que, então, também tu vives?" (377); ou, de modo mais teórico, com frases como "o curso do mundo resiste aos esforços da consciência desesperada por fazer do desespero o Absoluto" (401); "nas fendas que desmentem a identidade, o existente se acha carregado com as promessas, constantemente rompidas, desse outro" (401); e, sobretudo, pela grande carga de implicação histórica que tem a afirmação de que "o conceito [alude hegelianamente à plenitude omnicompreensiva] não é real, como queria o argumento ontológico; mas não se poderia pensar em não haver algo na coisa que impulsionasse a ele" (402).

Isto dá tanto o que pensar, que vale a pena fazer ainda alguma indicação.

Do ponto de vista de uma antropologia existencial, Herbert Plügge mostra como o realismo da esperança, caráter afirmativo da vida, se faz sentir inclusive nos casos mais extremos, quando o câncer pareceria acabar com toda esperança.[42] E Laín Entralgo, em sua dedicação tão integral ao problema, insiste repetidamente nesta idéia, assinalando que nem sequer nos autores aparentemente mais desesperados, como podem ser Sartre ou Leopardi, se pode dar uma desesperança total. Fala de argumento *ad hominem*, que podemos traduzir como a "contradição pragmática" entre a afirmação teórica e a postura vital:

O desesperado metafísico, em suma, não é, ao contrário do que se costuma dizer, um homem que "não espera nada" ou que "espera o nada", mas uma pessoa que vive e espera crendo e pensando com maior ou menor veemência, talvez temendo, que "não será" — que será "nada" — o objeto de sua mínima mas inextinguível esperança residual. De outro modo, nem Leopardi nem Sartre teriam tomado em sua mão a pena criadora.[43]

Em todo caso, a consciência religiosa sabe ler aí o que, estudando Lévinas, Catherine Chalier chama "o vestígio do infinito".[44] Como se o brilho obscuro, e sempre já fugidio, da "bondade original da criação" transparecesse na esperança, deixando-se perceber através das gretas e contradições da experiência humana. A esperança se anuncia assim a quem se abre à chamada inefável da origem:

O que seu saber não sabe, o que sua intenção consciente ou inconsciente ignora, mas ao que dá sentido o vestígio indelével nele do *dvar* [palavra] criador [...], inclusive, e talvez sobretudo, a falta de razões para esperar que o bem prevalecerá sobre a tenacidade do mal.[45]

5.2. A pressão do transcendente

De fato, não parece arriscado afirmar que, no próprio fato da pergunta — do inevitável perguntar(se) —, tende a se fazer sentir de algum modo a pressão *objetiva* de uma esperança na realização plena, só freada pela dificuldade em admitir para ela um fundamento transcendente.

Isto se mostra claro no marxismo, do qual Walter Schulz diz muito bem: "Dito sumariamente: a filosofia marxista da história vive em ampla medida (*weithin*) de uma esperança da salvação secularizada, sem ter uma garantia para ela".[46] E Camus o expressa eloqüentemente ao final de seu ensaio: "Há que se imaginar a Sísifo feliz".[47] Como se vê, uma eloqüência tão fina como prudente: não cabe uma renúncia total — "há que" — à esperança; mas sem o fundamento sólido da Transcendência só cabe *imaginá-la*, o que, no fundo, equivale a reconhecer que sem ele não é nem pode ser verdade.

A Bíblia o havia dito a seu modo: "Se não crerdes, não vos mantereis firmes" (Is 7,9). E Heidegger — significativamente, também em uma entrevista final, publicada postumamente, por sua vontade expressa, em *Der Spiegel* — o reconheceu de maneira enfática: "Só um deus pode salvar-nos".[48]

John Macquarrie, que insiste na "tenacidade da esperança",[49] recolhe perfeitamente esta situação sintetizando em três pontos sua convicção de que só a religião pode tornar compreensível a coerência e garantir a realização da "esperança total". São eles: "1) Se há esperança efetivamente séria em absoluto, então por extensão não se pode evitar convertê-la numa esperança total. 2) Uma esperança universal supõe a realidade de Deus. 3) Uma tal esperança tem de ser também uma esperança para além da morte".[50]

De todos os modos, tudo isso, que oferece um fundamento sério e "razoável", não deve traduzir-se de maneira apressada em uma falsa aparência de segurança. É certo que tal clima abre um espaço sensível, em que a resposta religiosa *pode* mostrar seu significado genuíno e sua eficácia histórica. Mas esse espaço está intensamente habitado pela suspeita ante todo recurso a uma Transcendência objetiva. Karl Barth já havia notado que Feuerbach, com sua teoria da *projeção*, constituía uma pergunta que não afetava apenas a teologia de seu tempo.[51] E é evidente que o trabalho dos batizados por Ricoeur como "mestres da suspeita" foi implacável, com efeitos que continuam a se fazer sentir, erguendo perante a consciência atual o espectro de uma "fé" que pode acabar minando a liberdade ou envenenando a fidelidade à terra.[52]

O grande desafio para toda religião está justamente em resistir à pressão do absurdo, da desesperança e do sem-sentido, mas sem recorrer ao "fideísmo", nem envolver-se em retóricas só aparentemente convincentes. A aposta está em mostrar, com todo o rigor possível, que o fundamento divino não é uma mera projeção ilusória e alienante, mas uma presença viva e um apoio real.

6. A resposta cristã

Enfocando agora o cristianismo,[53] é claro que este desafio o obriga a reexaminar as próprias raízes e a recuperar o contato com sua experiência genuína, para mostrar que a imagem autêntica do Deus de Jesus está em condições de enfrentá-lo.

6.1. Renovar a fundamentação

O caráter pessoal do Deus bíblico faz com que a esperança resulte central na relação com ele. Determina sua concepção da história, que tem uma de suas articulações fundamentais na dialética promessa–cumprimento. E abarca a vida dos fiéis, dotando-a de uma confiança que impregna os Salmos — "minha esperança és tu" (Sl 71,5) —, passando pelos profetas — "Tu, esperança de Israel" (Jr 14,8; 17,13), até a "esperança contra toda esperança" de são Paulo (Rm 4,18).

O anúncio é claro e se mantém sem fissuras ao longo da tradição e da liturgia: "Em ti, Senhor, esperei: jamais serei confundido", reza o *Te Deum*. O problema hoje é atualizar e tornar eficaz a compreensão desse anúncio. E será preciso fazê-lo atendendo tanto ao desafio teórico como ao práxico.

No *desafio teórico* há, por sua vez, dois aspectos principais, pois se deve atender tanto às exigências da razão teórica como às da prática. Diante da insistente suspeita de mera projeção, nunca se insistirá o suficiente na ancoragem real da esperança transcendente.

Historicamente, sem dúvida pelo influxo de Kant, se insistiu mais na *razão prática*. O esforço do filósofo se dirigiu a que unicamente Deus, como postulado fundante, permite salvar a coerência e a realidade integral da razão.[54] Rahner, por sua parte, o prolongou de algum modo com sua insistência na aspiração transcendental a um "futuro absoluto".[55]

Hoje, sem abandonar essa frente, convém reforçar também sua solidariedade com as exigências da *razão teórica*. Nem o *credo quia absurdum* nem sequer o refúgio em um "fideísmo wittgensteiniano"[56] são suficientes. Desde logo, tratando-se de uma visão global, que compromete não só a inteligência, mas também a liberdade, não cabe eliminar um forte componente opcional. Mas uma teologia que saiba atualizar sua longa tradição de esforço especulativo e de experiência histórica não carece de recursos para mostrar que a fé em Deus é uma interpretação fundada e "razoável" da experiência real humana. As frases antes citadas de Adorno são a prova de que a empresa não é, de modo algum, alheia à sensibilidade atual; e o confirmam enfoques como os de Hans Urs von Balthasar, Hans Küng e Wolfhart Pannenberg, que insistem na "confiança fundamental" (*basic trust*), presente já na primeira infância, como epifania da estrutura profunda do real.[57]

6.2. Coerência na idéia de Deus

De todos os modos, creio que hoje urge reforçar esse enfoque, que parte do enraizamento na experiência humana, tratando de assegurar a *coerência objetiva da idéia de Deus* em que se funda a esperança. Coerência hoje ameaçada a partir de dois ângulos fundamentais: a aparente contradição entre Transcendência e liberdade, por um lado, e o problema do mal, por outro.

O primeiro se apóia na suspeita de que atribuir caráter real à esperança transcendente leva à *objetivação do Divino*, pois desse modo se impediria uma realização humana livre e autêntica. Desde as acusações de Heidegger contra a onto-teologia, até as diversas propostas de "imanentizar a transcendência", essa suspeita se converteu para muitos em lugar-comum quase indiscutível.

Mas não é impossível mostrar que a idéia de *criação por amor*, tomada em sua radicalidade, se opõe frontalmente a toda objetivação. A criação, justamente porque se situa perpendicularmente em relação a toda ação categorial, é o *outro* de toda ação mundana; longe de interferir, funda fazendo ser e operar.[58] Sendo *criação* a partir da plenitude divina, impede qualquer concorrência com a liberdade e o ser da criatura. E, sendo criação *por amor*, só tem sentido como apoio e promoção do humano. Compreenderam-no bem Schelling e Kierkegaard, insistindo em que só um ser infinito e onipotente pode entregar total e gratuitamente a criatura a si mesma.[59] E o enfatiza a nova cristologia, que, no mistério de Jesus de Nazaré, compreende que quanto mais alguém se abre a Deus, mais profunda, livre e humana se torna sua humanidade.

Não menos radical e, de imediato, ambientalmente mais eficaz, é a outra ameaça, a que vem do segundo ângulo: o do problema do *mal*. Paul Ricoeur[60] assinalou com insistência que também para Kant está aqui a raiz mais profunda do problema. Com efeito, sua proclamação do "fracasso de toda teodicéia" — aceita com demasiada facilidade por grande parte dos filósofos e teólogos[61] — indica que é preciso superar ainda o grande equívoco que continua lastreando todo o problema. Embora continue sem ser criticado o pressuposto de que Deus *poderia, se o quisesse*, evitar o mal no mundo, a imagem de um "deus" apresentado como amor e ao mesmo tempo "mandando" ou "permitindo" tanto horror não pode honestamente ser aceita. Se um mundo sem mal fosse possível, o grito de Camus em *A peste*, fazendo-se eco de tantos outros, seria irrefutável: não se pode aceitar um "deus" que cria um mundo em que "as crianças são torturadas".

Mas também aqui, como tentarei mostrar mais extensa e detalhadamente no terceiro capítulo, justamente levando a sério a nova situação secular, é possível mostrar que esse pressuposto é falso e que, sendo contraditório tentar unir finitude e perfeição total, Deus se manifesta justamente como o "Antimal". Longe de mandar ou permitir o mal, é aquele que, sempre ao nosso lado, nos acompanha na luta contra ele na história e nos assegura a esperança definitiva.[62] Whitehead o expressou magnificamente: "O grande companheiro, o que sofre conosco e que compreende".[63] E o verdadeiro fio condutor da Bíblia, lida sem esse pressuposto, não faz mais que mostrar como Deus, desde o Êxodo até a cruz, está sempre ao lado do oprimido e do que sofre, apoiando sua luta e alimentando sua esperança.

A abordagem teórica resulta, pois, decisiva em uma cultura tão marcada pela crítica e pela suspeita. Mas não basta ficar nela: sua verdadeira força só se manifestará se verificar sua verdade mediante o compromisso real no *desafio práxico*. Unicamente as defecções históricas da comunidade cristã podem explicar o paradoxo de que seja vista como inimiga do pobre e da justiça uma religião que tem seu núcleo em um *Deus-agápe*, que nos profetas afirma que só o conhece quem faz justiça ao órfão e à viúva (Jr 22,15-16; 6,16-21; 7,1-34) e que em Jesus de Nazaré se identifica, sem mais, com eles, a ponto de converter a luta contra a fome, a sede ou a nudez, ou seja, contra o mal, em critério definitivo de salvação (Mt 25,31-46).[64]

Felizmente a teologia reagiu. O Vaticano II proclamou oficialmente que "a esperança escatológica não diminui a importância das tarefas temporais; ao contrário, proporciona novos motivos de apoio para seu exercício".[65] E as diversas teorias da práxis, desde a da esperança até a da libertação, mostraram e continuam esforçando-se por mostrar que só é verdadeira uma fé que se traduz em eficácia histórica, e um seguimento do Nazareno que se identifica com sua opção pelos pobres, marginalizados e oprimidos.

O que precisamos hoje é levá-lo a sério, mostrando que não há mais profunda "fidelidade à terra" que aquela que a vive movida pelos dinamismos do "Reino que já está entre nós" (Lc 17,21); e que a esperança, em que pese a Nietzsche, não é, como (segundo ele) foi entre os gregos, "o mal dos males, o mal autenticamente *pérfido*":[66] a esperança cristã é a *beata spes*, que anima a vida e, vencendo a morte, abre à plenitude: "Quando tiver chegado lá, serei verdadeiramente pessoa", disse admiravelmente santo Inácio de Antioquia.[67] E são Paulo tinha dado a razão mais profunda: porque, ao fim, o Deus que nos criou por amor e nos sustenta sem descanso "será tudo em todos" (1Cor 15,28).

***

Excurso:
A "saudade", entre a angústia e a esperança

A *saudade* alude a esse sentimento de anelo indefinido, de abertura sem contornos, ao mesmo tempo doce e amargo, que se faz muito presente na literatura galego-portuguesa, tomando ordinariamente formas concretas, como a nostalgia da terra e da pessoa amada; mas também manifestações de alcance transcendente, como a insinuada em "*teño unha sede, unha sede / dun non sei qué que me mata*", de Rosalía de Castro. Por sua relação com a esperança, vale a pena reproduzir aqui, traduzidas do galego e com ligeiras modificações, algumas páginas tomadas do tratamento mais amplo em meu livro *Para unha filosofía da saudade* (Ourense, 2003), pp. 57-67. (De todo modo, este texto, cuja dificuldade é aumentada ainda pela falta de seu contexto original, não é necessário para o desenvolvimento da presente exposição. O leitor ou leitora não interessados podem saltá-lo tranqüilamente.)

I. Delineamento

As análises anteriores podem resultar complexas, talvez excessivamente. Mas deixaram bem patente uma estrutura dinâmica e claramente orientada. A tarefa mais própria da consideração filosófica consistirá, pois, em buscar a base comum que se desvela através dessas formas concretas, a estrutura última que nelas se anuncia. Em terminologia heideggeriana, debaixo do *ôntico*, factual e concreto, convém buscar o *ontológico* que o sustenta e explica. As diversas formas de "saudade", podemos dizer, aparecem assim como manifestações particulares da *saudade* enquanto modo fundamental de estar no mundo.

Superadas as considerações retóricas e rapsodicamente líricas, não parece impossível alcançar hoje um certo acordo sobre este passo. A dificuldade mais grave aparece na hora de precisar *o que* se anuncia exatamente nas últimas profundezas da saudade, qual é sua *intencionalidade específica*, aquela que a diferencia de outros fenômenos afins.

Já se compreende que se anuncia aí uma tarefa tão difícil quanto apaixonante. Talvez fosse o caso de recolher tudo quanto se tem dito acerca da *Sehnsucht* romântica. E o mesmo caberia fazer com o tão difundido e comentado mal du siècle, com a *dór* romena e inclusive com o *longing* inglês. E, de imediato, seria magnífico poder confrontá-la com as diversas filosofias que hoje se acercam a estas ultimidades da existência. Lévinas, por exemplo, tão delicadamente sensível à especificidade irredutível destes modos não objetivantes de manifestação, diz coisas que mereceriam monografias detalhadas.

Por ora, resulta mais factível, e seguramente mais frutífero, limitar-se a situar a saudade na encruzilhada decisiva donde, para a existência humana, se abrem esses dois modos radicais de seu estar-no-mundo, essas duas direções fundamentais em que se decide seu sentido: a angústia e a esperança.

Passados os tempos do existencialismo, moderada a onda do entusiasmo heideggeriano e inclusive esfriada a paixão messiânica do marxismo cálido, estas palavras perderam certamente a enorme força de evocação que tinham faz muito pouco tempo. Mas isso não significa — não deve significar — desconhecer sua importância decisiva para a vida e o destino humanos, para além das modas ou vicissitudes conjunturais. E talvez devamos inclusive agradecer por essa circunstância, pois, ao menos para uma cultura que não queira sucumbir ao achatamento de um pensamento positivista ou meramente funcionalista, oferece a possibilidade de uma reflexão mais serena, sem a pressão imediata de tendências ou escolas.

Em qualquer caso, resulta evidente que a "saudade" compartilha com elas o mesmo espaço radical, e que, por conseqüência, sua enorme herança cultural e sua inegável profundidade antropológica constituem o marco de referência mais adequado para a presente reflexão.

2. A "saudade" como abertura absoluta

De toda maneira, para não nos deixarmos fascinar pela proposta heideggeriana, voltemos às considerações mais analíticas e demoradas de Paul Ricoeur. Com a fina sensibilidade que o caracteriza, persegue o movimento dialético do sentimento, mostrando como os graus progressivos de sua vinculação objetiva o levam a defrontar-se com a transcendência absoluta. Com efeito, enquanto se refere a realidades concretas, o sentimento se especifica com relativa clareza: perante elas, o sujeito se sente a si mesmo de um modo definido, especialmente qualificado. Isso vale igualmente para a "saudade" em suas manifestações "categoriais": a ausência-presença de uma coisa ou pessoa *concretas* gera um sentir-se "saudoso" de aspecto definido e facilmente comunicável. Toda a literatura das cantigas de amigo constitui uma manifestação típica e quase prototípica.

Sucede algo distinto com a "saudade" *transcendental*. Por sua natureza, perde a nitidez dos perfis: nela, o sujeito, remetido ao mais profundo de si mesmo, continua defrontado com o mais alto. O sentimento perde todo aspecto preciso e resulta quase incomunicável: constitui uma "tonalidade" de todo o ser próprio — uma *Stimmung* — que o envolve — sentimento "atmosférico" — ou em que se sente submerso — sentimento "oceânico". Tanto a distinção das diversas modalidades como a possibilidade de comunicação externa resultam assim muito difíceis. Mas isso é justamente o que agora precisamos aclarar de alguma maneira.

Poder-se-ia tentar uma comparação diferenciadora com o que Scheler denomina sentimentos espirituais, e também, "da pessoa", "metafísicos", ou da "salvação". Mas o caminho seria longo, complicado e possivelmente sem resultados claros. Mais claro e praticável resulta nesse sentido o caminho de Ricoeur. Se bem que antes coubesse uma rápida alusão à postura, em boa medida contraposta, de Heidegger. Porque, ainda que de maneira muito matizada, cada um deles tende, ou pelo menos pode dar a impressão de tender, a privilegiar de tal modo um dos dois pólos — o da angústia, o segundo, e o da esperança, o primeiro —, que ou não faz suficiente justiça ao outro ou não funda de maneira suficiente a passagem entre ambos.

Deixando, pois, para mais adiante uma confrontação um tanto mais detalhada com a proposta de Heidegger, aqui baste tão-somente recordar que, ao menos em sua primeira etapa, a de *Sein und Zeit*, privilegia de tal modo a primazia da angústia (*Angst*), que apenas deixa um mínimo lugar para a possível inserção da esperança, até o ponto de que ele mesmo se viu mais tarde obrigado a introduzir importantes correções.

O caso de Ricoeur é diferente, de direção contrária, pois insiste decididamente no positivo, de modo que, por outro lado, pode correr o risco de não deixar espaço nem fundamento suficientes para a dura, mas realíssima, possibilidade da angústia.

Com terminologia distinta e mais geral, que, como é óbvio, não ignora nem a terminologia nem a proposta heideggeriana, Ricoeur fala do "sentimento ontológico", que é por natureza "informe", posto que designa "o sentimento fundamental, de que os sentimentos determinados são os esquemas, a saber, a abertura mesma do homem ao ser".[68] Esta indeterminação não deve estranhar: "Se o ser está 'para além da essência', se é horizonte, resulta compreensível que os sentimentos que interiorizam mais radicalmente a intenção suprema da razão estejam eles mesmos para além da forma".[69]

Dado que para Ricoeur o sentimento constitui, em definitivo, "a pertença mesma da existência ao ser",[70] em sua forma suprema de sentimento ontológico ocorre que "aquilo que está mais afastado de nosso fundo vital — o absoluto, no sentido forte da palavra — se converte no coração de nosso coração; mas então não se o pode nomear, senão unicamente chamar 'o Incondicionado', que a razão exige e cuja interioridade manifesta o sentimento".[71]

No entanto, ao chegar aqui, ainda que sem maior explicitação, ele mesmo se propõe uma *objeção* fundamental:

> Objetar-se-á, em última instância, que o sentimento ontológico se suprime a si mesmo, ao dividir-se

em negativo e positivo? A contradição entre a Angústia e a Felicidade não depõe contra a idéia mesma de sentimento ontológico?

A resposta será aguda e profunda, mas deixa, a nosso ver, um vácuo que bem poderia ser ocupado pela saudade, e talvez unicamente por ela. Eis aqui a resposta:

> Talvez esta contradição não tenha mais alcance que a distinção da *via negativa* e da *via analogiae* na especulação sobre o ser. Se o ser é o que os entes não são, a angústia é o sentimento da diferença ontológica. Mas é a Alegria quem testemunha que nós estamos ligados (*avons partie liée*) a esta mesma ausência do ser aos seres; essa é a razão por que a Alegria espiritual, o Amor intelectual, a Felicidade de que falam Descartes, Malebranche, Spinoza, Bergson, designam, sob nomes diversos e em contextos filosóficos diferentes, a única "tonalidade" afetiva digna de ser chamada *ontológica;* a angústia não é mais que o reverso de ausência e distância.[72]

Há algo que convence nessa resposta. Sobretudo para aqueles tipos de pensamento que têm uma atitude positiva diante do ser e do destino humanos. Mas vale a pena frear um pouco o passo rumo à conclusão nessa excelente análise, introduzindo de maneira expressa uma mediação que aclare e complete o funcionamento correto da dialética assim instaurada.

Angústia e felicidade, postas frente a frente de um modo tão imediato, dão a impressão de se excluírem com demasiada violência, dificultando a compreensão sobre como a primeira pode articular-se tão diretamente com a segunda. Se unicamente a felicidade pode ser denominada "ontológica", a angústia parece ficar privada de autêntico fundamento (ainda que este possa consistir justamente na impressão de "ausência de fundamento"). Desse modo, parece não se fazer suficiente justiça às reflexões daqueles que assinalam a importância ou inclusive a primazia da angústia. Por duas razões principais.

A primeira é que, inclusive no caso de não se aceitar a primazia da angústia, convém reconhecer que na vivência efetiva existem *passos reais* entre a angústia e a esperança, que parecem exigir algum tipo de mediação suficientemente sólida. A segunda razão aponta para o fato de que assim parece ficar demasiado na sombra o caráter de ameaça *constitutiva* de que a angústia sempre se reveste para o homem histórico. Se na verdade ela constitui "o sentimento por excelência da diferença ontológica" e esta é constitutiva do ser humano, como de todo ser finito, se impõe reconhecer para a angústia uma agudeza maior. Uma agudeza que, sem negar a diferença, lhe permita comunicar-se de algum modo com a felicidade, de modo que se justifique o caráter de alternativa com o que tantas vezes se apresenta na realidade da vida concreta.

Dito mais claramente: de alguma maneira, deve haver algum meio-termo que constitua a matéria ontológica da medalha da qual a felicidade é o anverso e a angústia o reverso. Trataremos de mostrar que esse meio é a saudade, que assim se mostra como a mais clara e radical abertura absoluta, como abertura ao Absoluto.

3. Caráter mediador da saudade

Abertura absoluta. Abertura ao Absoluto. A duplicação é intencional, para indicar que o centro de gravidade da afirmação reside na *abertura*, em seu caráter absoluto, irrestrito, que não pode ser satisfeita por nenhuma realização ou completude limitada: sempre para além de toda satisfação relativa. Por si mesma, deixa portanto aberto o grande abismo do pensamento: a pergunta decisiva de se essa abertura é como um oco sobre o vazio do nada ou uma janela para uma plenitude real. Em tempos passados, pôde dar-se por suposta a solução positiva; hoje já não é assim. Há todo um campo da cultura, ao menos da ocidental, e inclusive um estrato de nosso ser que ou então optam pela negação ou alimentam a incerteza, mantendo indecisa a resposta.

Justamente o que tento demonstrar é que o caráter radicalíssimo da saudade corresponde a essa abertura, a essa indecisão originária. Indecisão prévia — com anterioridade estrutural, não necessariamente temporal — a toda resposta concreta, positiva ou *negativa*, e que inclusive permanece nelas como um *momento* nunca de todo superável.

A saudade não é ainda esperança como tampouco é ainda angústia; é a capacidade em ato de ambas, o radical e comum emergir do sentimento ontológico, que na realidade vivida se concretizará necessariamente em uma das duas. Quando, somada à abertura última de seu ser, o homem a vive como iluminada pela presença antecipada de uma plenitude futura, a saudade se converte em *esperança*; quando a vive como oco vazio, não plenificável, a saudade se situa nos caminhos da *angústia*. As concretizações nem sempre são nítidas e taxativas, pois entre elas cabem ainda numerosas posições intermediárias, conforme se viva com maior ou menor lucidez e se acentue um ou outro pólo. Mas cada posição sempre estará necessariamente situada em um espaço da escala que ambos os pólos determinam.

Resulta significativo — e de certo modo constitui uma boa confirmação — o fato de que este caráter intermediário da saudade permite compreender e inclusive postular a existência de duas posturas tipicamente contrapostas entre os estudiosos — geralmente polarizadas entre a angústia e a esperança —, assim como os tons tão diversos com que o sentimento saudoso se traduz nas manifestações da arte e da cultura.

E se daqui retornamos à questão acerca do caráter dual do sentimento ontológico, a saudade se oferece como o pano de fundo unitário e radical capaz de mediar as duas grandes e tremendas possibilidades do ser humano. E se oferece não por artifício lógico ou de maneira secundária e colateral, mas desde as próprias entranhas. O ser humano, enquanto se descobre a si mesmo como ser definitivamente saudoso, ou seja, enquanto se sente como constitutiva abertura, é essa dupla possibilidade.

Por natureza, todo sentimento saudoso está determinado pela dialética ausência–presença, e vive à medida que ela se mantém. Por isso mesmo, *é sentimento em trânsito:* tende a resolver-se em presença, em comunhão atual; mas o trânsito não está assegurado, pois a presença saudosa é — sempre e só — promessa em ausência (ou em casos extremos, como já insinuava Bloch, promessa dentro inclusive da presença, à medida que esta nunca cumpre totalmente o prometido). Se, além disso, se trata da saudade transcendental, a que envolve e totaliza o ser humano em sua inteireza, a polaridade se torna extrema: a comunhão seria a *felicidade*, enquanto a ausência se converteria em *angústia*. A saudade constitui justamente esse estado de equilíbrio dinâmico e não resolvido, em que a plenitude é somente possível e se mantém tão-só no modo da ausência–presença.

Sintetizando: *a saudade* está constitutivamente aberta, é impulso originário em vias de concretização. Conforme prevalece a presença sobre a ausência — a promessa de plenitude sobre a ameaça do nada —, se converte em *esperança*. Ou, ao contrário, se converte em *angústia*, se prevalecem a ausência e a ameaça. Esta seria, ademais, a terminologia precisa: esperança e angústia são vivências dinâmicas que refletem o ser em trânsito do homem e dão vazão à incompletude da saudade. São, também, vivências polares, pois em toda esperança há um componente de angústia como em toda angústia há o de esperança,[73] e mostram bem a bipotencialidade da saudade.

4. A saudade como "inocência do sentimento"

Problema distinto seria o de perguntar se ambas as possibilidades se abrem com igual direito, ou seja, com igual normalidade, intensidade e imediatez diante da saudade. Em outras palavras: qual seria a dinâmica mais íntima e conatural à saudade? A resposta a essa questão depende, é claro, do horizonte global a partir do qual ela seja respondida. Uma atitude tipicamente existencialista, por exemplo, se inclinará com toda probabilidade à angústia; enquanto posturas "práxicas" ou teístas tenderão a dar primazia à esperança. Uma vez mais, quando se chega ao profundo, faz-se inevitável a presença do círculo hermenêutico.

Pessoalmente me inclino pela esperança, e mais adiante tratarei de explicitar algumas das razões em que me apóio. Isso não me impede reconhecer, como já fica evidenciado, que a angústia é uma possibilidade real, com articulação *experiencial* e *ontológica* na raiz comum da saudade.

Inclusive convém ressaltar que há momentos na vida e épocas inteiras na história, como são os finais de períodos culturais — fim da Antigüidade, fim da Idade Moderna[74] — que favorecem a concretização da saudade na angústia. Como há também circunstâncias biológicas, tanto de caráter psicológico como sociológico, que podem pressionar em direção idêntica:[75] para nós, galegos, o caso de Rosalía de Castro não pode deixar margem a dúvidas sobre esse fato. Neste sentido, Antonio P. Días de Magalhães nota agudamente que, nascendo geralmente a saudade "após experiências de frustração", tende a provocar "um desvio fatal na interpretação do sentimento e, conseqüentemente, na sistematização filosófica e na estruturação da concepção do ser do homem e respectiva cosmovisão", para concluir que isso é o que acontece "nas filosofias da náusea, da angústia e do desespero".[76]

Contudo, este reconhecimento não tem por que invalidar a fundamental positividade da dinâmica mais radical da saudade, que vem a ser justamente o fundo sobre o qual é possível destacar a negatividade da angústia.

No nível ético, Edward Schillebeeckx mostrou-o há muitos anos, ao criticar a "dialética negativa" da Escola de Frankfurt: "o mesmo 'não' pressupõe também uma *hermeneia* que se baseia no sentido e não no sem-sentido [...]; a dialética negativa da teoria crítica tem sentido unicamente à *medida que* pressuponha e implique a possibilidade de uma hermenêutica atualizadora de sentido, e isso tanto se o quer como se não".[77]

Algo que, além disso, responde à positividade constitutiva do real, em que o *não* vive sempre alimentado pelo sim, e o *não-sentido* se constrói necessariamente sobre a base do sentido. Foi ninguém menos que Nietzsche, o grande e paradoxal "niilista" (entre aspas, pois se trata de uma bem notória e fascinante *quaestio disputata*), quem afirmou o seguinte:

> Em todas as correlações de sim e não, de preferir e rechaçar, de amar e odiar se expressa unicamente uma perspectiva, um interesse de determinados tipos de vida: por si mesmo, tudo quanto existe pronuncia o sim (*an sich redet alles, was ist, das Ja*).[78]

Em nível ontológico — a partir de uma postura de afirmação do Divino e também como fundamentação da mesma —, mostrou-o bem Zubiri em sua análise já clássica da *religação*. O ser *com-Deus* é tão constitutivo do homem como o ser com as coisas *(Mitwelt)* e com os demais *(Mitmensch)*; é uma dimensão de sua existência: "O homem não necessita chegar a Deus. O homem *consiste* em estar vindo de Deus, e, portanto, sendo nele".[79] Como há uma patentização intelectual da religação, também há a sentimental: o *sentir-se* como "vindo de" ou/e como "indo a";[80] bem entendido, isso é justamente a saudade, tomada em seu último sentido ontológico. E, assim como "o ateísmo somente é possível no âmbito da deidade aberto pela religação",[81] cabe também dizer que a angústia tem unicamente lugar no seio do movimento positivo da saudade, que tende a explicitar, na esperança, essa realização.

Extremando a expressão, talvez fosse possível dizer que a saudade é esperança ainda que não resolvida e decidida como tal (pois concretamente pode ainda alterar o rumo e converter-se em angústia).

Dessa perspectiva se abre inclusive um interessante matiz na perspectiva geral da saudade: esta vem a ser como a *inocência do sentimento*, o puro e ainda incontaminado sentir-se do ser humano em sua determinação última, como finitude em ato de transcendência, como singularidade em trânsito de comunhão. A saudade se situa antes da queda e antes da plenitude: é a pureza do realmente possível *in statu nascendi*. Ela constitui o fio de Ariadne que, nos abismos mais desesperados da angústia, permite ao ser humano jamais perder de todo a esperança de encontrar a si mesmo. (Seria interessante, inclusive fascinante, estudar a partir daqui os mitos da "saída do paraíso": entrada na "culpa", como queria Hegel,[82] o abismo que leva ao desespero, como analisou Kierkegaard;[83] mas também aposta genesíaca, de caráter "saudoso", pois a Bíblia, reconhecendo ambas as coisas, introduz simultaneamente a esperança, com a promessa de salvação: Gn 3,15.)

E agora sim, devidamente dialetizada, podemos recuperar a afirmação de Ricoeur: "O homem é a alegria do sim na tristeza do finito",[84] ou, como dizia na conclusão do parágrafo antes transcrito: "Que o homem seja capaz de alegria pela angústia e através da angústia, eis aí o princípio radical de toda 'desproporção' na dimensão do sentimento e a fonte da *fragilidade afetiva* do homem". Agora também se pode atender ao que havia dito em uma obra anterior: "A angústia é a flor corrompida da reflexão".[85]

Notas

[1] ["Si la meta es común, / ¿por qué este desamor en la carrera?"] M. E. Lacaci. *Al este de la ciudad* (1957); recolhi a citação de M. E. Soriano – P. M. García-Asenjo – M. D. Garrote (eds.). *Hombre y Dios. I: Cincuenta años de poesía española (1950-1995)*. Madrid, 1995, p. 190.

[2] *Antropología de la esperanza*. Madrid, 1978, p. 10.

[3] *Erfahrung des Todes*. Luzern, 1937; citado em P. Laín. *La espera e la esperanza. Historia e teoría del esperar humano*. Madrid, 1962, p. 542.

[4] Sobretudo em *Homo viator. Prolégomènes à une métaphysique de l'espérance*. Paris, 1944; e *Le mystère de l'être*, Paris, 1951.

[5] Para uma visão sintética da história da filosofia da esperança, além das obras citadas de Laín e a indicada a seguir, de E. Bloch, veja F. Kümmel – H. Weder – G. Sauter. "Hoffnung". In: *Theologische Realenzyklopädie. Studienausgabe* XV, 1993, pp. 480-498; H. G. Link. "Hoffnung". In: *Historisches Wörterbuch der Philosophie* 3 (1974), pp. 1157-1166; B. Schwager. *Espérance: Dictionnaire d'Éthique et Philosophie Morale* (ed. por M. Canto-Sperber), PUF, 1996, pp. 524-528. Veja também a síntese oferecida por O. González de Cardedal. *La raíz de la esperanza*. Salamanca, 1995, pp. 470-481. Uma história ampla e detalhada (verdadeiro manancial de informação e materiais) é oferecida por K. M. Woschitz, *Elpis. Hoffnung. Geschichte, Philosophie, Exegese, Theologie eines Schlüsselbegriffs*. Wien/Freiburg/Basel, 1979.

[6] Publicada em 1964; a trad. brasileira pela Editora Herder, São Paulo, 1971 (mais recentemente pela Editora Teológica, São Paulo, 2003).

[7] Citarei pela edição alemã, *Das Prinzip Hoffnung* (1959). 3 Bde., Suhrkamp, Frankfurt a. M. 1970; com a sigla PH, indicarei só o tomo e a página (embora, como se saiba, a numeração é corrida para os três tomos). (N.T.: Existe uma tradução brasileira para o v. I desta obra de Bloch, *O princípio esperança*. Rio de Janeiro, 2005.)

[8] PH I, p. 5.

[9] PH I, p. 17.

[10] "No meu modo de ver, na antropologia teológica de Moltmann, bem como na de Pannenberg, não se encontram suficientemente elaboradas duas das partes integrantes de toda antropologia: a científica e a metafísica." "Não há dúvida: na antropologia de Bloch e na de Moltmann é deficiente o embasamento científico" (*Antropología de la esperanza*, op. cit., p. 265).

[11] Ibid., pp. 48-82; a seguir, cito as páginas no texto. Em sua obra mais recente (*Creer, esperar, amar*. Madrid, 1993), Laín retoma estas idéias, ampliando-as e matizando-as em alguns aspectos (p. 148), mas reafirmando sua validade (p. 180, nota).

[12] *Antropología de la esperanza*, op. cit., p. 11.

[13] PH I, p. 5.

[14] PH I, p. 16.

[15] *Antropología de la esperanza*, op. cit., pp. 194-282 (Epílogo, escrito em 1978).

[16] Entre nós, na Espanha, um punhado de instituições e de autores mantém vivo este foco tão humaníssimo como urgente: é de justiça reconhecer o trabalho do extinto Instituto Fe e Secularidad e o atual de Cristianisme i Justícia. As obras de autores como J. I. González Faus, J. Lois, M. Reyes Mate, J. M. Castillo, J. Vitoria, J. M. Mardones, J. García Roca, J. J. Tamayo, entre outros, são bem conhecidas.

[17] PH I, p. 83; veja pp. 49-86.

[18] PH I, pp. 86-128.

[19] *Antropología de la esperanza*, op. cit., p. 163.

[20] Ibid., pp. 170 e 171.

[21] Veja J. Vanier, *Le bonheur, principe et fin de la morale aristotélicienne*, Paris, 1965; J. Montoya – J. Conill. *Aristóteles: sabiduría y felicidad*, Madrid, 1994. Para uma história deste rico e difícil conceito, veja as sínteses de A. Kenny, *Happiness*. In: J. Feinberg (ed.). *Moral Concepts*. London, 1969, pp. 43-52; R. Spaemann. "Glückseligkeit". In: *Historisches Wörterbuch der Philosophie* 3 (1974), pp. 679-707.

[22] J. Greisch, *Paul Ricoeur*. L'itenérance du sens. Paris, 2001, p. 69. Esta é também a perspectiva de H. Gollwitzer, *Krummer Holz – aufrechter Gang*. Zur Frage nach dem Sinn des Lebens. München, 1970.

[23] Sobre a saudade, veja o Excurso, no final deste capítulo.

[24] KrV A 804-805/B 832-833; ed. Weischedel IV, p. 677.

[25] *Vorlesungen über Logik*, A 26; ed. Weischedel VI, p. 448. Veja R. Schäffler, *Was dürfen wir hoffen?* Darmstadt, 1979; J. Gómez Caffarena, *El teísmo moral de Kant*. Madrid, 1983.

[26] Uso o termo, embora em suas clássicas análises de *Sein und Zeit*, Heidegger não o tenha incluído, e não parece que tenha corrigido esta visão em sua obra posterior, pois pretende que sua reflexão se situe ainda num nível prévio, o da "espera" (*Erwartung*), nível que, num certo sentido, poderia coincidir com o insinuado na saudade. Veja as considerações de J. Greish. *Le buisson ardent et les lumières de la raison. L'invention de la philosophie de la religion. III: Vers un paradigme herméneutique*. Paris, 2004, pp. 683-686 (intitula a epígrafe: "'Überwartung': Une 'attente' sans espérance"). Também alude ao tema M. Fraijó. *Dios, el mal e otros ensayos*. Madrid, 2004, pp. 183-184.

[27] Veja sobretudo 1-2 q. 40.

[28] A. Gesché. *O sentido*. São Paulo, Paulinas, 2005, pp. 113-137; a última frase remete a P. Bourdieu (p. 133).

[29] Op. cit., PH I, p. 1.

[30] Citado por A. Münster, *Ernst Bloch, mesianisme et utopie*. Paris, 1989, p. 270.

[31] Na realidade, esta é a aspiração íntima do marxismo, moderada logo pelas contradições do real. Marx a expressa assim: "Este comunismo é, enquanto capitalismo realizado, humanismo; enquanto humanismo realizado, naturalismo; é a *verdadeira* dissolução da contradição entre o homem e a natureza, e, com o homem, a verdadeira dissolução da luta entre existência e essência, entre objetivação e auto-afirmação, entre liberdade e necessidade, entre o indivíduo e o gênero. *É a solução do enigma da história, e se sabe como tal solução*" (*Werke*. Bd. 1, 593s; o último grifo é meu; tomo a citação de W. Schulz. *Grundprobleme der Ethik*. Pfullingen, 1989, p. 181).

[32] *L'Avenir de l'Homme*. Paris, 1959, p. 342, e *passim*.

[33] Veja uma boa exposição do clima e dos autores em Pierre Brunel, em seu artigo "Absurde", da *Encyclopaedia Universalis* 11, pp. 68-69; embora com intenção distinta, oferece também importante informação R. Safranski. *El mal o el drama de la libertad*. Barcelona, 2000; J. L. Ruiz de la Peña. *Crisis y apología de la fe. Evangelio y nuevo milenio*. Santander, 1995, pp. 17-64, traça uma breve e intensa síntese.

[34] Este é o título de uma obra de Adorno (Madrid, 1975; o original, *Negative Dialektik*, é de 1966), especialmente enérgico nesta postura.

[35] Convém levá-lo em conta, pois sua postura costuma ser simplificada excessivamente, quando ele mesmo é bem claro a respeito, como o evidencia o prólogo de *O mito de Sísifo*, donde tomei as citações (pode-se ver em A. Camus. *Ensayos*. Madrid, 1981, p. 91). Veja uma boa análise em P. Prini. *Storia dell'esistenzialismo. Da Kierkegaard a oggi*. Roma, 1989, pp. 213-224. J. Macquarrie. *20th Century Religious Thought*. 2. ed., SCM, Nordwich, 1971, p. 384, indica ainda: "Se isto [sua postura de rebeldia metafísica] implica uma metafísica mais afirmativa do que Camus confessa, é objeto de debate".

[36] L. Ferry. *El hombre Dios o el sentido de la vida*. Barcelona, 1997; Idem. *¿Qué es una vida realizada? Una nueva reflexión sobre una vieja pregunta*. Barcelona, 2003.

[37] Veja, por exemplo, além de J. Ferry - R. Mishrahi. "Immanence-Transcendence". In: *Encyclopaedia Universalis EU* 11, pp. 949-952. Nesse sentido, vai toda a interpretação de Y. Yobel. *Spinoza, el marrano de la razón*. Madrid, 1995.

[38] R. Mishrahi. op. cit.; veja as profundas considerações de X. Tilliette. "La philosophie de l'inquiétude – Humanisme de la métaphysique – Métaphysique de l'humanisme". In: *Giornale di Metafisica* 3 (1983), pp. 419-432.

[39] *El incrédulo y los cristianos*, na edição citada, p. 326; vale a pena ler todo o texto, pp. 326-330.

[40] J. Ellul. *L'espérance oublié*. Paris, 1972 (reeditado em 2004), fala da "morte da esperança" e faz um impressionante elenco — talvez um tanto excessivamente pessimista — dos sintomas.

[41] Op. cit., p. 28.

[42] *Über die Hoffnung: Wohlbefinden und Missbefinden*. Tübingen, 1962, pp. 38ss; citado por F. Kümmel. op. cit. na nota 5, p. 482.

[43] *Ser y conducta del hombre*. Madrid, 1996, p. 294. Repetindo essa reflexão, havia escrito antes no mesmo livro: "Tão puro é o exemplo, que o titular dele, o homem Jean-Paul Sartre, como que empregando um argumento *ad hominem* contra a própria tese filosófica, se viu obrigado a revisá-la. Ele não o declara assim, de imediato; mas quem comparar a antropologia explícita de *L'être et le néant* (terminante proclamação doutrinal do absurdo da

esperança) com a antropologia implícita da *Critique de la raison dialectique* (postulado tácito da eficácia esperançosa — historicamente esperançosa — do modo da associação entre os homens a que se dá agora o nome técnico de 'grupo'), não demorará a descobrir a revisão de que falo. Tanto mais se se quer contemplar esse trabalho de cotejo, seja-me permitido dizê-lo sartrianamente, sob o pano de fundo existencial, que na biografia do autor de um e outro livro foi destacado seu propósito de oferecer às massas proletárias um caminho aberto rumo à justiça social, tal e como o próprio Sartre a entende; portanto, uma verdadeira esperança" (p. 272). Retomando a idéia, dirá mais tarde: "Na existência de Sartre, a realidade — a sua e a do mundo — pôde mais que a doutrina" (*Creer, esperar, amar*, op. cit., p. 189).

[44] C. Chalier. *La huella del infinito*. Emmanuel Lévinas e la fuente hebrea. Barcelona, 2004.

[45] Op. cit., p. 203. Por isso, em seu típico apofatismo, sempre desconfiado do "ontológico", Lévinas fala da "esperança que ilumina uma vida na ausência de razões para esperar" (*Difficile liberté*. Paris, 1976, p. 297).

[46] Op. cit., p. 183.

[47] Op. cit., p. 182.

[48] Sobre o significado desta figura do "último Deus", veja E. Brito. *Heidegger et l'hymne du sacré*. Louvain, 1999; J. Greisch. op. cit., pp. 666-671.

[49] *In: Search of Humanity*. A Theological and Philosophical Approach. New York, 1985, p. 243.

[50] *Ibid.*, p. 247.

[51] *Die protestantische Theologie im 19. Jahrhundert*, 3. ed., Zürich, 1960, p. 486.

[52] Na importância desta suspeita para um pensamento religioso crítico, insiste com vigor J. Greisch. op. cit. na nota 26, pp. 219-238.

[53] Para um rápido panorama das distintas respostas religiosas, veja P. Slater. "Hope". In: M. Eliade (ed.). *Encyclopaedia of religion* 16, pp. 459-462.

[54] Veja o estudo, bem informado, de J. M. Odero. "Fe y esperanza del hombre. Un diálogo con Kant". In: *Esperanza del hombre y revelación bíblica*. XIV Simpósio Internacional da Universidade de Navarra, Pamplona, 1996, pp. 253-265.

[55] Karl Rahner. "Utopía marxista y futuro cristiano del hombre". In: *Escritos de Teología VI*. Madrid, 1969, pp. 78-86; Idem. "Fragmente aus einer Theologie der Hoffnung". In: *Schriften zur Theologie* VIII, pp. 555-579.

[56] Esta categoria, como se sabe, foi introduzida por Kai Nielsen. "Wittgensteinian Fideism". In: *Philosophy* 42 (1967) pp. 191-209 e, mais amplamente, em *An introduction to the philosophy of Religion*. New York, 1983, pp. 65-139.

[57] Veja H. U. von Balthasar. "El camino de acceso a la realidad de Dios". In: *Mysterium Salutis* II/1, Madrid, 1969, pp. 41-74; H. Küng. *¿Existe Dios?* Madrid, 1979 e W. Pannenberg. *Anthropologie in theologischer Perspektive*. Göttingen, 1983, pp. 219-235. Pannenberg, que não coincide em tudo com a postura de Küng, oferece importantes pontualizações às críticas que lhe dirige H. Albert. *Das Elend der Theologie: Kritische Auseinandersetzung mit Hans Küng*. 1979. São interessantes também a esse respeito as considerações de P. Berger. *A Rumor of Angels. Modern Society and the Rediscovery of the Supernatural*. Penguin Books, 1966.

[58] Esta é a tese central de meu livro *Recuperar a criação. Por uma religião humanizadora*. São Paulo, 1999.

[59] Este ponto é decisivo, e mereceria mais atenção tanto por parte da filosofia que, com Camus, nivelando o ser de Deus com o de um ser só quantitativamente superior, afirma: "Eu não posso compreender o que pode ser uma liberdade que me seria dada por um ser superior". (op. cit. na nota 35, p. 132). K. Jaspers soube vê-lo melhor: "Quando sou propriamente eu mesmo, não sou por mim mesmo. Não me criei a mim mesmo. Quando sou propriamente eu mesmo, sei que me sou presenteado a mim mesmo. Quanto mais decididamente me torno consciente de minha liberdade, tanto mais decididamente me torno também consciente da Transcendência. Ser existência coincide com meu saber acerca da Transcendência como o poder pelo que eu mesmo sou" (*Von der Wahrheit*. Münchén, 1991, p. 110; veja Idem. *La filosofía desde el punto de vista de la existencia*. México, 1953, pp. 54-56 e, sobretudo, Idem. *Philosophie* II, Bern/Heildelberg/New York 1973, pp. 175-200).

[60] "A liberdade segundo a esperança". In: *O conflito das interpretações*. Porto, s/d, pp. 391-414: "Mal e esperança são mais solidários do que jamais pensaremos" (p. 412); J. GREISCH insiste, aprovando-o, neste traço da filosofia de Ricoeur: veja principalmente *Paul Ricoeur. L'itinérance du sens*. Grenoble, 2001, pp. 397-434: "La flèche de l'espérance".

[61] Entre nós, realizou-o, a partir do mesmo título, J. A. ESTRADA, *A impossível teodicéia. A crise da fé em Deus e o problema do mal*. São Paulo, Paulinas, 2004; o mesmo autor voltou sobre o tema, matizando um pouco suas teses, em IDEM. *Razones y sinrazones de la creencia religiosa*. Madrid, 2001, pp. 103-179; IDEM. *Imágenes de Dios. La filosofía ante el lenguaje religioso*. Madrid, 2003, pp. 193-233 [N.T.: tradução brasileira: *Imagens de Deus. A filosofia ante a linguagem religiosa*. São Paulo, Paulinas (no prelo)].

[62] É um tema ao qual atribuo importância central para a reflexão teológica; abordo-o mais extensamente no terceiro capítulo.

[63] *Proceso y realidad*. Buenos Aires, 1956, p. 471.

[64] Para voltar a CAMUS, assombra que, não sem fundamento nesses abusos, se possa escrever: "Compartilho convosco [os cristãos] do mesmo horror ao mal. Mas não compartilho de vossa esperança e continuo lutando contra este universo em que algumas crianças sofrem e morrem" (*El incrédulo y los cristianos*, op. cit., p. 327).

[65] *Gaudium et Spes*, n. 21.

[66] *El Anticristo*, n. 23 (veja a edição de A. PASCUAL, Madrid, 1974, pp. 48-49). É sua interpretação do mito de Pandora, no mesmo sentido de Hesíodo. E. BLOCH, *Das Prinzip Hoffnung* I, p. 22, propõe uma interpretação positiva, segundo a qual "a esperança é o bem que permanece para os homens, ou ainda não completamente maduro, porém tampouco ainda completamente aniquilado" (p. 389). Veja também H. G. LINK. op.cit., p. 1158.

[67] "Ad Romanos VI, 2" (*Padres apostólicos*, edição de D. RUIZ BUENO, Madrid, 1965, p. 478 [N.T.: tradução brasileira: *Padres apostólicos*. São Paulo, 1995, p. 106]); mudo a tradução corrente de *ánthropos*, falando de "pessoa" em lugar de "homem".

[68] *Finitude et culpabilité. I L'homme faillible*. Paris, 1960, p. 121.

[69] Ibid., p. 122.

[70] Ibid., p. 119.

[71] Ibid., p. 122.

[72] Ibid., p. 122.

[73] Esta polaridade é sublinhada com energia por P. Laín Entralgo. *La espera y la esperanza*. Madrid, 1962, pp. 562, 572, 580.

[74] Uma boa periodização do tema da angústia pode ser vista en P. Tillich. *The Courage to Be*. London and Glasgow, 1967.

[75] Cf. as considerações de P. Laín Entralgo. op. cit., pp. 497-499.565-570.

[76] "Metafísica e saudade". In: *Actas do I Congreso Nacional de Filosofía*. Braga, 1955, p. 55.

[77] *Interpretación de la fe*. Salamanca, 1973, p. 198.

[78] *Aus dem Nachlass der Achzigerjahre* (ed. K. Schlechta, III, p. 788).

[79] X. Zubiri. *Historia, Naturaleza, Dios*. Madrid, 1963, p. 377. Retoma o tema com energia e maior amplitude em Idem. *El hombre y Dios*. Madrid, 1984 (veja A. Torres Queiruga. *Noción, religación, trascendencia. O coñecemento de Deus en Amor Ruíbal e Xavier Zubiri*. A Coruña, 1990).

[80] Cf. op. cit., p. 372.

[81] Ibid., p. 393.

[82] *Lecciones sobre Filosofía de la Historia Universal*. Madrid, 1974, pp. 548-551.

[83] *El concepto de la angustia*. Madrid, 1940.

[84] *Finitude et culpabilité*, op. cit., p. 156.

[85] *Philosophie de la volonté. Le volontaire et l'involontaire*. Paris, 1967, p. 179.

capítulo 2

A estrutura fundamental da esperança bíblica

Scio cui credidi
"*Sei em quem coloquei a minha fé*" (2Tm 1,12)

Até aqui, vimos dois aspectos ou dimensões fundamentais na compreensão da esperança. Antes de tudo, que constitui um existencial humano, um traço constitutivo da pessoa enquanto tal, que sem ela, sem algum tipo de espera e esperança, seria um ser contraditório, incapaz de viver. Por isso parecia que a esperança, como o que é comum ao humano, se converte em questão e tarefa que na hora de se concretizar recebe respostas diferentes. A resposta religiosa — e este é o segundo aspecto — aparece hoje, num mundo secularizado, como *uma* resposta que se caracteriza por encontrar em Deus seu fundamento último e definitivo. Dentro dela, este capítulo se aplica à tarefa mais concreta de traçar o perfil específico da resposta bíblica.

I. Para um novo esquema da história da salvação

I.1. Um esquema profundamente deformado

Assim pois, agora, dentro já do mundo religioso e em diálogo fraterno com as demais religiões, nos cabe analisar a figura concreta que a tradição bíblica adota a partir de sua concepção própria de Deus. Não me vou dedicar nem a um estudo exegético, nem sequer às distintas concepções que, sobretudo sob a perspectiva da "virtude da esperança", a tradição foi elaborando a partir principalmente do tratamento clássico de santo Tomás na *Suma Teológica* (II-II, q. 17-18).

Meu propósito é mais elementar e, talvez por isso, mais fundamental: analisar a estrutura básica que corresponde à esperança cristã, quando dentro da cultura atual se esforça por assumir com todas as suas conseqüências a visão bíblica de Deus, incluindo sua configuração definitiva em Jesus de Nazaré. Dizendo com palavras mais concretas, trata-se de examinar o esquema fundamental que subjaz — ou melhor, que deve estar subjacente de acordo com sua experiência mais pura e originária — ao modo de esperar cristão, enquanto gerador de nossa compreensão tanto da vida individual como do decorrer da história universal.

Dito assim, pode parecer uma questão secundária ou até mesmo banal. No entanto, estou convencido de que aí não apenas se joga em grande medida a credibilidade da fé para nosso mundo, mas também a possibilidade de vivê-la de uma maneira suficientemente crítica e coerente na comunidade dos crentes. Porque é este um dos temas capitais em que a mudança cultural operada pela Modernidade obriga a uma revisão dos esquemas que, herdados de um mundo cultural muito diferente, perderam a coerência que tinham em sua origem e que, por isso mesmo, sem a devida tradução, podem converter-se em pedra de escândalo para os de fora, ou em obstáculo insuperável para a vivência dos de dentro. Que a teologia não tenha sabido ainda explicitá-lo com toda a clareza e conseqüência é, ao meu ver, um dos *déficits* que estão pedindo para serem saldados com toda a urgência.

Para orientar a compreensão, adianto o que poderíamos chamar *hipótese de trabalho*. A história da salvação, tal como chegou até nós, se apresenta apoiada num esquema que *hoje* ameaça deformar — atrever-me-ia a dizer "envenenar" — sua intenção mais genuína e seu significado mais profundo. Refiro-me ao esquema — fortemente incrustado na teologia, na pregação e na liturgia por séculos de repetição — que para descrever a história da salvação estabelece a seqüência *paraíso-queda-castigo-redenção-tempo da Igreja*[1]*-glória*.

Com efeito, esse esquema pôde ter sua plausibilidade enquanto permanecia no seio cálido da imaginação mítica ou ainda sob seu influxo. Mas tem efeitos devastadores quando entra no mundo secularizado e se expõe ao exame da racionalidade crítica.

Antes de tudo, porque perverte a *imagem de Deus*, desviando-a de suas mais íntimas entranhas. De entrada, no pólo diametralmente oposto ao Pai do filho pródigo pregado por Jesus, apresenta-o castigando em vez de perdoando. E, ainda por cima, o faz com um castigo terrível por uma falta banal e sobre milhões de pessoas que — definitivamente e diga-se o que quer que se diga — são inocentes daquela suposta culpa. (O inferno como castigo eterno e ainda o próprio limbo para as crianças mortas sem o batismo põem às claras de maneira intuitiva a perversidade dessa lógica desaforada e literalmente "infernal".[2]) Somam-se duas conseqüências terríveis: o *mal*, com tudo o que de sofrimento, culpa e morte implica, fica convertido em "castigo" divino; e a *salvação* se apresenta como "preço" doloroso que o Filho teve de pagar por todos nós para "aplacar" a Deus e alcançar-nos o perdão.[3]

Por sorte, exposta com tal crueldade, são poucos os cristãos que aceitariam essa visão, pois, de um lado, seu estilo se choca frontalmente contra a percepção evangélica de Deus, e, por outro, sua impregnação mítica é tão forte, que, de maneira mais ou menos consciente, dentro da nova culturas é rechaçada pelo próprio senso comum. Mas é inegável que sua presença imaginativa, como uma espécie de "esquema" kantiano, continua condicionando profundamente não só o imaginário coletivo dos fiéis, como também condiciona muitos arrazoados teológicos. E, justamente porque o condicionamento nem sempre é consciente, sua eficácia é maior e os danos mais graves.

Concretamente, centrando-nos em nosso tema, é evidente que desse modo *fica ameaçada a pureza da esperança cristã*. Ao introduzir-se uma deformação tão profunda na imagem de Deus, que é seu apoio fundamental e decisivo, obscurece-se sua clareza luminosa e salvadora. Não no sentido de que, na vivência real, a esperança tenha ficado totalmente obscurecida e, muito menos, anulada, pois o instinto da fé e a lógica profunda da visão bíblica de Deus conseguiram sempre salvar o fundamental. Mas não cabe negar que a serpente da suspeita logrou introduzir dúvidas e sombras, e inclusive ressentimentos e angústias, com a imagem de um "deus" justiceiro, que manda ou permite o mal, que espalha mandamentos e impõe proibições, sancionando tudo com a ameaça de um castigo eterno. Não resulta tão fácil, e de imediato não tão seguro, fiar-se num "deus" que, embora proclamado como amor e confessado como fundamento, pode ter reações tão incontroláveis e respostas tão terríveis e perigosas. Não é casual que tudo isso tenha dado origem ao que Jean Delumeau chamou "pastoral do medo", baseada no temor e não na esperança.

Do que se trata, pois, não é de fazer tábua rasa do passado ou de ignorar a imensa riqueza que aquele esquema tentava traduzir, mas de desmascarar sua perigosa ambigüidade. Desse modo, será possível redescobrir a experiência fundamental que, embora deformada, o sustentava em sua matriz primeira. Então estaremos em condições de interpretá-lo num esquema renovado que, fazendo justiça à sua intenção genuína, libere sua fecundidade para nossa situação cultural. Uma situação crítica e secularizada, que já não pode viver na evidência ambiental do religioso e que, sobretudo e com plena razão, é já incapaz de aceitar como justas e razoáveis as narrações míticas da Bíblia submetidas ao anacronismo de uma leitura fundamentalista. Afortunadamente isso não implica ter de negar a validade de seu sentido profundo e verdadeiro. O que se evidencia é a necessidade peremptória de resgatá-lo através dessa "segunda inocência" de que fala Paul Ricoeur ou, como antes ensinara são Paulo, renunciar à letra para aceder ao justo nível do espírito.

I.2. O esquema a partir do Deus que cria por amor

Superada, portanto, a primeira inocência de uma leitura literalista, a teologia deve, com efeito, mostrar que a única maneira de recuperar sua riqueza está em *renunciar à letra*, para chegar à riqueza perene do *espírito*. E isso não é só uma exigência; ao contrário, hoje a teologia está em condições de realizar a transformação, graças à superação do fundamentalismo bíblico. Muito concretamente — e aqui está a principal ênfase desta reflexão —, porque desse modo podemos tomar em toda sua conseqüência a idéia da *criação por amor*.

Com efeito, superada a fascinação imaginária da letra, a partir da revelação do Deus que cria por amor, o esquema muda de maneira espontânea e radical. A criação tal como se nos revela na Bíblia é o estabelecimento de um mundo e, nele, do ser humano querido por Deus como tal, em sua raiz e desde sua origem. Deus não cria primeiro a pessoa como uma criatura neutra — "natural" — para elevá-la depois a um estágio superior — "sobrenatural" –, fazendo-a só então sua "filha". Criada por amor, no amor e para o amor, a criatura humana está desde sempre envolvida na graça salvadora de Deus, que a sustenta em seu ser e a promove até sua realização possível na história, até a plenitude da comunhão definitiva na glória.[4]

Mas, efetivamente, então tudo muda. Porque resulta evidente que, para ser ele mesmo, o ser humano tem de "nascer" com a inevitável imperfeição de todo começo; depois, necessita "crescer", superando os obstáculos de todo avanço finito; para poder alcançar finalmente a "plenitude" a que foi destinado. Desse modo a seqüência anterior se converte com toda a naturalidade nesta outra: *criação-crescimento histórico-culminação em Cristo-tempo da Igreja-glória.*

É claro que assim se torna possível romper a distorção introduzida na imagem divina, sem perder nada da riqueza que se tentava expressar e sem cair por isso no otimismo fácil de um progressismo linear. O tempo da *história* não é nem a queda a partir de um "paraíso" nem uma "prova" arbitrária imposta por Deus para depois premiar ou castigar: é simplesmente a condição de possibilidade da existência finita. O *mal* continua sendo real e não se nega sua dura presença; mas não é um castigo divino, mas totalmente o contrário: representa o obstáculo que, opondo-se igualmente à criatura e ao impulso criador que a sustenta, é aquilo que Deus "não quer" e em cuja superação — como Pai-Mãe ao lado de seus filhos e filhas — trabalha ele mesmo, apoiando e inspirando nosso esforço. A *salvação* em Jesus Cristo não é o preço a se pagar a um "deus" irado; é exatamente o contrário: a culminação da "luta amorosa" que, ao longo e no espaço de toda a história, o Deus-*Abbá* sustenta contra nossos limites inevitáveis e contra nossas resistências culpáveis, com o único fim de nos dar a conhecer seu amor e fazer-nos capazes de acolher sua ajuda. Finalmente, a *glória* será a realização do desígnio originário de Deus que, engendrando-nos no amor, não buscava outra coisa que nosso ser, nossa realização e nossa felicidade. O "paraíso", intuído pelo mito, era real; porém estava no final, não no princípio. Em frase conhecida e feliz: a protologia é a escatologia.

Desse modo, Deus, como fundamento inalterável da esperança, aparece em toda a glória de seu amor. E a história se converte com toda a razão em um caminho de esperança; mais ainda, apesar de todos os obstáculos reais e de todos os desvios possíveis, *é* ela mesma esperança, pois está toda ela habitada pelo amor que a cria, a sustenta e a acompanha. Por isso, todo ser humano tem direito a exclamar com razão, acompanhando o salmista: "Ainda que eu caminhe por um vale tenebroso, nenhum mal temerei, pois estás junto a mim" (Sl 22/23,4). Nesse sentido, nem sequer é casual que tenha sido a visão bíblica de Deus a que rompeu definitivamente a concepção cíclica do tempo, afirmando uma concepção linear e aberta. Como tal constitui o espaço da liberdade, exposta certamente ao perigo e ao desvio, mas que, apoiada em seu Criador, não se sente confinada a um abismo angustiante e sem fundo, mas se abre à esperança de uma comunhão gloriosa, em que "nunca mais haverá morte, nem luto, nem clamor, e nem dor haverá jamais" (Ap 21,4).

Mas, justamente porque é tamanha sua importância, esta visão pede uma fundamentação mais detalhada, que, recuperando o dinamismo bíblico mais íntimo, faça ver como, com efeito, a criação por amor postula uma nova visão que, situando-se à altura crítica de nosso tempo, seja capaz de oferecer ao indivíduo uma autêntica "coragem de existir"[5] e à história uma esperança realista. Isso implica, como fica indicado, pensar de maneira nova a relação entre criação e salvação, realizando de alguma forma uma verdadeira mudança de paradigma.

2. A continuidade criação-salvação

2.1. Mudança de paradigma nas relações entre criação e salvação

Para indicar o significado e a transcendência da mudança, vale a pena começar com duas citações que se mostram eloquentes, pois indicam tanto sua necessidade como sua presença na teologia atual. A primeira vem da exegese bíblica:

A confissão de fé em Deus criador do céu e da terra esteve tradicionalmente enquadrada num esquema mental caracterizado pela nítida separação entre a criação e a redenção. Há um esquema muito difundido, de indubitável clareza pedagógica, mas estreito e simplista, que se impôs nos campos teológico, catequético e litúrgico: o mundo e o homem foram criados pelo Senhor; mas o homem caiu em pecado, e só pode obter o perdão e a salvação através de Cristo. O caráter redutivo de tal perspectiva é evidente. Antes de tudo, porque a criação aparece como uma realidade neutra em relação à Salvação, como uma espécie de "átrio dos pagãos", lugar de encontro de todas as possíveis crenças religiosas e inclusive campo aberto à reflexão racional da filosofia. Por outra parte, neste enfoque, a salvação é pura e simples redenção do pecado, feliz reparação dos danos causados pela culpa de Adão, recuperação de um estado preexistente e perdido (o paraíso).[6]

A segunda provém da busca por uma nova espiritualidade:

[...] o que a religião deve abandonar no Ocidente é um modelo de espiritualidade exclusivamente de queda/redenção — um modelo que dominou durante séculos a teologia, os estudos bíblicos, a formação em seminários e noviciados, a hagiografia e a psicologia. É um modelo dualista e patriarcal; começa sua teologia com o pecado original e acaba geralmente com a redenção. A espiritualidade de queda/redenção não instrui os crentes acerca da Nova Criação ou da criatividade, acerca do fazer justiça e da transformação social, ou acerca do Eros, do jogo, do prazer e do Deus do gozo. Não ensina o amor à terra ou o cuidado pelo cosmo e está tão assustada face à paixão, que não consegue escutar as apaixonadas demandas dos *anawim* (os pequenos) da história humana. Esse mesmo medo da paixão impede ajudar os amantes para que celebrem suas experiências como espirituais e místicas.[7]

Por origem e formato, os testemunhos são distintos, mas apontam na mesma direção: a necessidade de uma mudança de paradigma no momento de entender a criação. Uma mudança que, a rigor, já está assumida em seu pano de fundo último, pois obedece a uma mutação cultural acontecida de fato, a saber, a crise da Modernidade com seu questionamento radical da cosmovisão anterior e a entrada num novo continente da cultura. Porém, como das distantes estrelas dissera Nietzsche, sua mesma magnitude faz com que o que em si já aconteceu faz tempo esteja ainda a caminho entre nós.

Na teologia, com a aura de eternidade que rodeia seus temas e o peso da tradição que torna vagarosas suas mudanças, este atraso se faz sentir com intensidade especial. Criou-se assim uma situação confusa, presa entre a aceitação e o rechaço, entre a lucidez e a rotina: aceita-se a novidade, posto que nela se vive, mas persistem os velhos hábitos; reformulam-se determinados elementos, mas se mantêm outros que parecem imutáveis, ainda que na realidade sejam incompatíveis com aqueles. O resultado é uma mescla de paradigmas e uma síntese impossível de elementos heterogêneos, que, despertada a sensibilidade para este ponto, produzem uma irremediável sensação de incoerência e anacronismo que o freqüente recurso ao "mistério" não pode dissimular.

No grande tema da criação, isso resulta especialmente sensível, porque afeta os próprios fundamentos da cosmovisão moderna em sua possível conjunção ou interferência com a figura global da história da salvação. Dois aspectos fundamentais o deixam ver com clareza: o problema da demitologização e o significado religioso da criação.

2.2. Não livrar-se (tão) facilmente de Bultmann

Talvez ninguém o tenha posto em tão vivo destaque como Rudolf Bultmann. Na intenção fundamental que a move, sua proposta é de uma evidência cultural irrefutável. Com a entrada da Modernidade, abandonamos de maneira irreversível a visão mítica do mundo que já a Bíblia com seu sentido histórico — assim como a filosofia grega com seu recurso ao *logos* — havia questionado de maneira radical, mas sem ter podido deixá-la de todo em pontos fundamentais. Nem a divisão tripartite com o céu acima, o inferno abaixo e a terra no meio, como campo de batalha sobre o qual descem influxos benéficos ou para o qual sobem forças maléficas; nem, talvez sobretudo, a visão do divino intervindo no funcionamento das realidades mundanas, interferindo com suas leis, nos resultam hoje — embora o pretendamos — compreensíveis nem "realizáveis". Bultmann o diz muito bem:

> Não se pode utilizar luz elétrica e aparelho de rádio, em casos de doença empregar modernos meios médicos e clínicos, e simultaneamente acreditar no mundo dos espíritos e dos milagres do Novo Testamento.[8]

É certo que, deixando-se levar demasiadamente por sua "interpretação existencial", reduziu em excesso, até essa "monotonia exasperadora" com que Jaspers o reprovava,[9] os significados profundos que estavam inscritos na visão mítica. Mas isso não pode converter-se num pretexto para escapar da necessidade, reconhecida e propugnada por ele mesmo, de interpretar o que ali está dito de maneira que resulte significativo no novo contexto cultural.[10]

E é aqui o lugar onde se anuncia o radical de nosso tema. Quando se lança hoje um olhar criticamente alerta à leitura teológica que continua sendo feita da visão bíblica acerca da história de Deus com a humanidade, surpreende a profunda impregnação mitológica que ainda a caracteriza. Todos reconhecem o caráter mítico dos primeiros capítulos de Gênesis; o que significa que o que ali está narrado não tem um significado *histórico* no sentido de eventos empíricos ou acontecimentos físicos, que mudem o curso das leis naturais. Por isso se vêm abandonando — infelizmente nem sempre nem por todos — as especulações acerca dos dons preternaturais de Adão, e já são muito poucos os que pensam que a morte física ou os desastres naturais entraram no mundo por causa de seu pecado.

Mas, apesar disso, depois se continua mantendo a pretensão de um "núcleo" histórico, de um acontecimento *categorial* de tal magnitude que mudou a história da humanidade, introduzindo o dualismo radical de um antes e um depois, que estrutura todo o sentido de seu curso. De sorte que, inclusive em certos discursos teológicos decididamente abertos e distanciados do fundamentalismo bíblico, se continue a falar de um estágio "supralapsário" face a outro "infralapsário", ou seja, de duas situações *históricas* de "antes" e "depois" da queda. Como conseqüência, na maioria dos arrazoados, continua vigente o esquema criação-queda-redenção como uma sucessão *temporal*, em que a criação fica relegada a uma espécie de pano de fundo ou pressuposto para o drama central da redenção, único que verdadeiramente interessa.

Esta absorve, com efeito, quase totalmente a atenção teológica e concentra sobre si todo o interesse religioso. No limite, a criação se converte num dado quase prescindível, que chega inclusive a assumir ressonâncias negativas. Inconscientemente "criação" se converte em "criação caída", e tende a ser identificada como o "mundo" mau do qual nos liberta a redenção. Certas tendências ascéticas, com sua negação do corpo e da natureza, assim como, em geral, a *fuga mundi* como estilo de vida o mostram claramente.

O processo não é casual, é claro; ao contrário, articula-se com motivos muito profundos. A centralidade de Cristo na experiência cristã tende a começar tudo com a redenção, convertendo em "antigo" todo o anterior, e vendo-o como a situação puramente negativa — cativa do pecado (*hamartía*) e da morte — da qual ele vem nos libertar. Em são Paulo, sobretudo na Carta aos Romanos, o esquema está muito presente, mas equilibrado de algum modo pelo "muito mais" da graça e pela absoluta primazia da "fé". Mas, cada vez com maior energia, esta visão, ao ser conceituada no mundo grego — os gnósticos foram, como se sabe, os primeiros grandes mestres de especulação teológica[11] —, se reforçou com sua visão negativa da matéria e do mundo, de sorte que há toda uma vertente de pensamento que vê a redenção não como uma salvação *da* criação, aprofundando-a e potenciando-a em si mesma, mas como salvação *para fora da* criação, ou seja, como um resgate que liberta dela.[12]

Seria injusto não apreciar os valores que esta concentração cristológica trouxe para a vida religiosa do Ocidente, tanto pela profundidade de seu mergulho no mistério de Cristo, como pela luz e pela coragem que proporcionou para assumir religiosamente nossa contradição antropológica (cf. Rm 7). Mas hoje resulta impossível não apreciar também a profunda "mitologização" que desse modo se operou no mistério salvador. Não só, se não bastasse, pelo esquema que interpreta a encarnação como descida do céu, estada na terra e volta ao céu, mas, sobretudo, porque tende a subtraí-la do processo criador, convertendo-a em uma irrupção sobrenaturalista que se sobrepõe a ele. De sorte que a "nova criação" não aparece como a criação divina *renovada*, mas tende a autonomizar-se como uma criação "outra", que nega ou ao menos tende a ignorar a anterior.

Estou consciente da enorme parcialidade desta exposição, não só por seu forçoso esquematismo, que deixa de fora muitos e muito importantes matizes, mas principalmente porque atende *só* a uma das linhas de todo o processo. Pois, como veremos, há outra que nunca cedeu de todo a esta tendência nem esteve totalmente ausente nela (como o mostra o constante rechaço do dualismo gnóstico). Acontece que aquela foi a que acabou prevalecendo como o esquema dominante no conjunto da teologia e por isso nos resulta hoje enormemente problemática. Para intuí-lo, basta pensar no esquema anselmiano, que — numa forma seguramente muito mais rígida e estreita da que havia sido a intenção do autor — acabou por colonizar o imaginário religioso geral.[13]

Nesse sentido, é importante ter presente que, afortunadamente para todos, nunca desapareceu da consciência eclesial a existência da *outra vertente teológica*. Vertente que, como é bem sabido, se fez presente com força já em santo Irineu. Porque ele, ainda que sem se livrar totalmente da mentalidade de seu tempo e permanecendo muito limitado pela leitura literal da Bíblia, então inevitável, pôs os fundamentos e elaborou em grande parte uma visão profundamente diversa. Em seu pensamento, a criação, a redenção e a glória formam um *continuum* em progressiva potenciação, durante o qual se vai abrindo a profundidade da carne, para torná-la cada vez mais capaz de acolher a salvação de Deus, até a manifestação escatológica de sua glória definitiva. Por isso para Irineu o pecado original "não é uma catástrofe", mas uma peripécia, "grave, sem dúvida", mas que se "integra de alguma maneira na dinâmica do crescimento da humanidade em direção a Deus".[14] E Matthew Fox insiste, com razão, em que este enfoque se mantém vivo e fecundo ao longo de toda a história da teologia e, sobretudo, da espiritualidade cristã.[15]

2.3. A possibilidade e a necessidade da mudança

Isso não resolve, é claro, todos os nossos problemas; mas mostra uma possibilidade permanente que a crise do outro modelo permite levar hoje ao pleno cumprimento. Comprometida a visão mítica e deixando para trás o literalismo fundamentalista na leitura da Bíblia, é possível reconfigurar o esquema queda-redenção de modo que não rompa a unidade originária do projeto criador, sem com isso negar nem a realidade do que pretende indicar a doutrina do *pecado original*, nem a centralidade da *redenção*.

Tornou-se evidente que a teologia tradicional, que culmina com as soluções elaboradas na teologia de controvérsia entre a Reforma e Trento, está expressa nos pressupostos de uma leitura literal do Gênesis.[16] E essa evidência é justamente a que nos faz ver que hoje podemos e *devemos* dizer a nosso modo o que aquela teologia tinha de dizer ao seu. Então cabe manter a intenção originária do ato criador, vendo-o como um processo que se realiza na história, com suas irregularidades, voltas e mesmo retrocessos, mas que, definitivamente, constitui um crescimento desde um início até um fim, desde a protologia à escatologia. O pecado original deixa assim de ser considerado como um episódio *empírico*, que rompe a continuidade da história. Mas nem por isso deixa de ser *real*, como estrutura permanente, enquanto a liberdade finita, saída inocente das mãos do Criador, é impotente de passar ao ato histórico com pureza total e sem contaminar nunca sua inocência: "todo homem é Adão", tende a afirmar com crescente unanimidade a teologia atual.[17]

Por isso, a história humana é constitutivamente ambígua: não pecado sem mais, contudo realização em luta contra o pecado. A glória da salvação consiste em assegurar-nos que não é uma luta inútil ou desesperada, mas uma luta apoiada sempre no impulso fundante e amoroso da criação: numa "bênção original" que não abandonou jamais a humanidade, sustenta-a sempre e trabalha sem descanso, alimentando sua esperança de salvação. Neste movimento, a *salvação* deixa, por sua vez, de aparecer como interrupção — ou irrupção — externa, para ser *eclosão de dentro do próprio processo*, que na "plenitude dos tempos" abre à ação criadora as últimas portas até sua realização definitiva na humanidade. Criação, salvação, glorificação formam desse modo o *continuum* do amor divino, que, criando-nos filhos e filhas, nos acompanha na dura luta do crescimento histórico, até conseguir acolher-nos na filiação plenamente realizada, quando "conheceremos como somos conhecidos" (cf. 1Cor 13,12).

Compreendo que enunciados deste teor colocam a teologia diante de uma tarefa de enorme e delicada envergadura, posto que tocam a espinha dorsal da própria articulação global. Supõem tal deslocamento dos acentos e tal reestruturação das proporções, que só com suma humildade e extrema cautela a tarefa pode ser empreendida. Mas, justamente por isso, situam-na também diante de um dever inescusável, pois está em jogo a significatividade mesma da fé. Esta, diga-se o que se queira, resultará inassimilável se continuar envolvida em uma conceituação mitológica, que perdeu de maneira irreversível sua validade.

De fato, um olhar atento à teologia atual permite descobrir por todas partes o impacto da mudança e a presença de um novo paradigma. A queda do universo ptolemaico, a visão evolutiva do cosmo e a aguda consciência da historicidade humana não só tornam impossível a leitura fundamentalista da Bíblia sobre a qual se apoiava o esquema anterior, mas vêm demonstrando as conseqüências catastróficas que podem advir para a fé em caso de uma resistência anacrônica.

O incômodo vem, como dizia ao início, da falta de verdadeira conseqüência nas proposições, à medida que a nova visão, em lugar de construir-se a partir de baixo como um todo coerente, mantém elementos da anterior que, na realidade, são incompatíveis com ela. Face a isso impõe-se compreender que não é a mescla sincrética que representa hoje o autêntico rosto da fidelidade à experiência originária, mas a síntese viva, que, de acordo com a terminologia da *Nouvelle Théologie*, mantém a *afirmação* da fé ao mesmo tempo em que tem a coragem de mudar os *conceitos* em que se interpreta e expressa. Quando isto se leva a cabo, o resultado é, em geral, uma visão de rara coerência e viva significatividade.

De fato, existem obras como *Deus na criação*, de Moltmann, que, embora sem aclarar nem explicitar com este detalhe a problemática da mudança de paradigma, se inscrevem já na nova perspectiva.[18] Antes, o impacto da obra de Teilhard de Chardin teve, sem dúvida, muito o que ver com as perspectivas que abria a esta visão. Mostra-o o renovado interesse pela linha criacionista da "bênção original", tal como a descreve Matthew Fox, assim como toda a teologia mais sensível à ecologia.[19] O mesmo cabe afirmar do diálogo das religiões, enquanto todas elas são também episódios na ação criadora-salvadora de Deus sobre toda a humanidade. Eu mesmo tentei acolher esta perspectiva em uma obra de certa amplitude: *Recuperar a criação*.[20] Obra que, de modo significativo e sem sequer pretendê-lo, mas sensivelmente conduzida pela lógica interna da nova visão, se inscreve com naturalidade, aprofundando-a, na anterior *Recuperar a salvação*.[21] Aqui farei tão-somente algumas ligeiras indicações. Mas, antes, é preciso aclarar o verdadeiro e autêntico sentido *religioso* do conceito de criação.

3. O significado religioso da criação

3.1. O comum e o específico na idéia bíblica

Por uma espécie de fatalidade histórica, a idéia de criação se viu quase sempre afetada — e deformada — por problemas apologéticos. O dualismo da matéria eterna na Antigüidade, com a conseqüente discussão teológica com sua sistematização na filosofia grega, por um lado, e o conflito com as ciências na Modernidade, por outro, levaram a centrar a reflexão sobre as diferenças teóricas na compreensão metafísica da *creatio ex nihilo*. Desse modo foram ficando na sombra tanto o caráter concreto de seu enraizamento na experiência humana como o valor religioso que em geral a acompanha. Só assim se compreende que se tenha insistido até a saciedade em que a criação é um conceito exclusivamente bíblico, sem notar que, à medida que nisso possa haver algo de verdade, só pode referir-se a uma diferença dentro de uma continuidade mais profunda: a saber, como a peculiar modulação que a vivência bíblica de Deus confere a uma experiência que, no fundo, é comum a todas as religiões[22] e que, definitivamente, habita inclusive as entranhas da filosofia desde o *thaumádsein* grego e que desde Leibniz a Heidegger, passando por Schelling, continua formulando a pergunta decisiva: "Por que há ente e não mais nada?".

Com efeito, para além das sutilezas discursivas, não resulta difícil perceber que a idéia de criação tem sua raiz na experiência do caráter contingente de nosso mundo. Esse caráter é o que, desde os começos mesmos da humanidade conhecida, alimentou de maneira tão ampla a intuição de uma realidade que o fundamenta: seja o Ser Supremo dos "primitivos entre os primitivos", como descobriu a Escola de Viena[23], o "Uno que respira sem alento" do Rig Veda, o Sagrado nas inúmeras formas de que se reveste na multiplicidade das religiões, ou o Yahweh criador do Gênesis bíblico. Dessa experiência, recebe seu significado fundamental e se alimenta sua validade religiosa.

As diferenças na hora de sistematizar de maneira refletida essa intuição são certamente enormes. Mas aqui, sem negá-lo, não se trata disso. Interessa tão-somente sua orientação fundamental em suas conseqüências para a compreensão do significado radical da criação, quando se a descobre como obra do Amor originário e como fundamento da presença divina na história. Lutero esteve a ponto de redescobri-lo com sua interpretação profundamente antropológica da criação; porém, sua radical e quase obsessiva preocupação pelo esquema queda-redenção lho impediu — para si e para sua posteridade — tirar as conseqüências. Foi Schleiermacher, que não por acaso representa ele sozinho, como diz Hans Küng, "a encarnação de uma mudança de paradigma",[24] quem adentrou com mais precisão e acerto nesse caminho.

Sua insistência na centralidade do "sentimento de absoluta dependência" como analogado principal para entender a criação, situa esta em seu verdadeiro húmus nutricional; por isso, afirma que desse sentimento são "simples e puras expressões os primeiros artigos do credo, que expressam a fé em Deus criador".[25] O que não o leva, como algumas vezes se disse muito apressadamente, à negação da *creatio ex nihilo*, mas a impedir que ela seja isolada de sua significação fundamental. O que ele faz é negar-se a toda especulação dogmática que "contradiga" este sentimento; de sorte que um conceito de criação "que possa ser separado da conservação não pode ser percebido, nem intuído, nem pensado por nós, nem podemos ter uma participação nele".[26] Neste sentido, talvez Rudolf Otto, num certo intento de corrigi-lo — não sei se com razão —, traduza bem a intenção de Schleiermacher falando de "sentimento de criatura".[27]

E o certo é que, uma vez compreendido isto, se abre aquele espaço inteligível em que se pode perceber como a visão bíblica de Deus conduz, com efeito, a um conceito peculiar, e de certo modo único, de criação. Pois então aparece que a experiência genérica e comum, ao ser modelada sobre a imagem do Deus da Bíblia, adquire uma concretude específica. O Deus que cria é o mesmo que liberta no Êxodo, é anunciado pelos profetas e meditado pela Sabedoria; ele mesmo, cuja presença é levada a sua culminação insuperável na palavra e na vida de Jesus de Nazaré.

Aí reside, sem dúvida, a verdade dessas teorias que afirmam que o mito da criação é tardio na Bíblia, posterior às narrações da salvação. Verdade não *cronológica*, pois — como todos os seus vizinhos e, em geral, como quase todos os demais povos — Israel dispunha de mitos da criação; mas verdade *existencial*, enquanto esses mitos foram lidos por Israel através da experiência do Deus "que o livrou da escravidão do Egito".[28] Por isso, na realidade, é preciso seguir adiante e dizer que a criação do Gênesis não é ainda a cristã, pois a experiência de Deus no Primeiro Testamento deve ser completada com a do *Abbá* de Jesus.[29]

Produz-se, portanto, uma fecunda circularidade hermenêutica, mediante a qual o Deus Salvador se revela em sua profundidade abissal de Deus criador; o qual, por sua vez, se vê enriquecido e qualificado com todo o calor que lhe vem de seu caráter salvador. A criação é, desde sempre, *ab initio*, salvação; e a salvação chega de tal modo às raízes do ser que se converte em "nova criação", até alcançar ao fim aquela maravilhosa e misteriosa identidade pela qual "Deus será tudo em todos" (1Cor 15,28).

Insistimos, de passagem, em que esta percepção deveria acabar de vez com essas "definições" de Deus que continuam falando dele como *fascinans et tremendum*. O fato psicológico do medo de Deus na história religiosa humana e o prestígio de uma fórmula que, desde santo Agostinho a Rudolf Otto, se impôs no ambiente cultural não devem de modo algum obscurecer a grande e definitiva verdade revelada definitivamente em Jesus: que o abismo de Deus está feito unicamente de luz e de amor; que, por conseguinte, temos a segurança absoluta de que dele só vêm — e só podem vir — para nós ajuda, bênção e salvação. Para não falar das horríveis retóricas teológicas acerca da "ira de Deus", e inclusive de certas afirmações acerca de uma pretensa *ambigüidade* da essência divina — sobretudo quando se trata do problema do mal —, todas elas devendo confrontar-se com essa verdade decisiva e ser caladas para sempre. Pois convém ser muito conscientes de que qualquer desvio neste ponto fere o mais delicado do coração do Deus que "é amor", e desse modo pode acabar matando a melhor e mais elevada esperança do coração humano.

3.2. Caráter ativo, mas não intervencionista, da atividade criadora

Porém o novo enfoque não se limita a propiciar uma melhor compreensão da experiência bíblica; além disso, permite igualmente avaliar sua assimilação na cultura moderna. A descoberta da autonomia das leis naturais questionou de maneira radical a ação divina no mundo: não cabe considerá-la em igualdade com as realidades empíricas, como uma causa a mais entre as causas mundanas. Um profeta bíblico poderia dizer que Yahweh manda a chuva e a peste, e o próprio Jesus de Nazaré poderia pensar que um ataque epiléptico era causado pelo demônio. Na atualidade, inclusive a pessoa mais piedosa, prescindindo talvez de certas reminiscências atávicas, é incapaz de pensar desse modo. A chuva faz pensar em curvas isóbaras; a peste, em micróbios; e a epilepsia, em transtornos neurológicos.

Mas essa mudança implica nada menos que uma mutação radical na maneira de situar a presença de Deus em nossa vida. O grave é que nem a liturgia nem a teologia se deram suficiente conta disso, para ajudar a discernir o lugar e o modo verdadeiros da ação divina. O resultado normal é que Deus ou fica relegado a uma referência vaga, infantil e incompreensível, ou então simplesmente desaparece dos lugares onde costumava ser encontrado. No limite, pode instalar-se o *ateísmo*. Não foi isso que aconteceu com uma boa parte da cultura moderna e contemporânea?

Em geral, o que costuma prevalecer é uma *visão deísta*, na qual a vida marcha por sua conta aqui na terra e Deus fica lá, acima, no céu. Dali pode então exercer de vez em quando influxos concretos, o mais das vezes na forma de "graças" ou "ajudas", em ocasiões com "milagres"; por isso se lhe "suplica" para que acuda a remediar determinadas necessidades ou que se recorde de tais ou quais pessoas.

A descrição pode parecer caricaturesca, mas reproduz com fidelidade a *estrutura* do quadro imaginário em que se move. Quadro que demasiadas vezes está tornando indigna de credibilidade uma fé que se choca de frente com evidências que formam já o solo das convicções ou "crenças" de toda pessoa formada na cultura atual (e, dado o impacto da escolarização geral e dos meios de comunicação social, cada vez é de menor relevância, nesse contexto, o fato de que ela seja culta ou inculta). No fundo, equivale a continuar pondo Galileu perante o dilema de crer em Deus e em sua revelação ou admitir que é o Sol que se move em torno da Terra...

Daí a importância da idéia de criação, tomada em sua autêntica radicalidade. Ela acentua a um tempo — e em reforço mútuo — *a identidade e a diferença* entre Deus e o mundo, permitindo assumir a nova situação cultural, sem renunciar nem à vivência religiosa de um Deus vivo, para além de todo deísmo, nem à vivência cultural de um mundo entregue às próprias leis imanentes.

A *diferença* é o primeiro, quando se considera o ontológico da relação. A estranheza perante a contingência do mundo faz surgir a intuição do "totalmente Outro" que o cria, o fundamenta e o sustenta. Deus é assim descoberto justamente enquanto sendo como não é o mundo: o necessário face ao contingente, o absoluto face ao relativo, o infinito face ao finito. E, dado que a diferença não afeta somente um modo de ser, mas o próprio e radicalíssimo fato de ser, se compreende que uma consideração rigorosa se esforce em expressá-la já precisamente nesse último nível. O que não pode acontecer senão por radical contraposição: Deus e a criatura, rigorosamente falando, são o que o outro não é.

Contudo, ao mesmo tempo, o concreto da radicação experiencial impede interpretar essa *diferença como* "distância" *física* ou inclusive como "justaposição" de Deus em relação às criaturas. Porque precisamente, e embora à primeira vista resulte paradoxal, a profundidade infinita da diferença faz com que se realize na máxima unidade. Unidade de caráter único, incomparável face a qualquer uma que se possa dar entre realidades criadas, incluída aí a relação da mãe com o filho saído de suas entranhas. Para essa união não existe, definitivamente, outro limite que o de evitar a identidade total, ou seja, a queda no panteísmo, que, ao negar a diferença, anularia o outro pólo da experiência (por alguma razão, a tentação panteísta ronda sempre todo filósofo ou teólogo que se acerque a este problema).

Tampouco resulta difícil intuir, ainda que de longe, por que tem de ser assim. As realidades mundanas estão no mesmo nível, por isso são necessariamente competitivas: onde está uma não pode estar a outra; o que uma ganha a outra tem de perder de alguma forma. Mas com Deus não acontece dessa forma: posto que ele é quem "faz ser" a tudo mais, não está em paralelo com nada, mas, de acordo com a acertada expressão de Zubiri, é "ortogonal", ou perpendicular às criaturas.[30]

De modo que não há competição por ocupar o mesmo lugar: ao contrário, quanto mais presente o Criador, mais faz ser a criatura; quanto mais esta "receba" dele, mais se realiza nela a força criadora. "Ser" para a criatura significa estar sendo trazida à existência: de alguma maneira é estar "sendo sida"; mas não por alguém em seu nível, que a anulasse, devorando-lhe o próprio espaço, e sim pelo Criador que lho está abrindo e outorgando; que, digamo-lo já, lhe está abrindo o espaço de sua esperança.

4. As conseqüências da nova visão para uma teologia da esperança

Partindo dessa nova visão, com efeito, a esperança cristã deixa ver seus traços específicos, podendo assim ser apreciada em toda sua grandeza e capacidade de atualização. Assinalarei quatro traços que me parecem os mais relevantes no momento atual.

4.1. Uma esperança pessoal

Como se pode perceber, a esperança está sempre determinada de um modo decisivo pela índole do motivo em que se apóia. Motivos como a evolução cósmica ou o determinismo social, por exemplo, introduzem uma visão impessoal, em que a esperança deixa no fundo de ser verdadeiramente humana para se submergir no emaranhado de leis objetivas, que eclipsam ou inclusive obscurecem o rol da liberdade. O perigo, como mostra a história recente, é então ou o naufrágio no niilismo ou a exposição ao "terror da história" (ao menos ao da morte sem horizonte e sobretudo ao do destino irrecuperável das vítimas), ou ainda, finalmente, a devastadora sedução da utopia.

Nada mais longe disto que o estilo da esperança bíblica, toda ela apoiada na confiança em um Deus que é fiel e que, entregando sem reservas seu amor e seu apoio, respeita, não obstante, a opção da liberdade, não forçando jamais sua acolhida. O Antigo Testamento o transformou em tema central sob dois conceitos fundamentais: o da promessa e o da aliança. O conceito de *aliança*, embora reconhecendo a desigualdade infinita dos contraentes — "como o céu está sobre a terra" —, sabe que a opção humana é um constitutivo intrínseco dela. O de *promessa* põe a ênfase na iniciativa absoluta de Deus, que não depende da resposta humana, mas que salva por si mesmo, partindo da abissal gratuidade de seu amor. Porém, ainda neste caso, não se perde o caráter pessoal, pois a promessa se faz a *alguém*, a um tu, e sobretudo porque nunca tais conceitos se dão em estado puro: sempre, no fundo, a promessa sustenta a fidelidade humana da aliança, e a aliança assegura a intimidade interpessoal da promessa divina.[31] E basta observar a vivência íntima da relação com Deus, carregada de todas as ressonâncias do mais profunda e delicadamente humano, tal como se expressa de maneira intensa e eloquente nas orações, nos salmos, na pregação profética e ainda na reflexão sapiencial, para compreender sua completa impregnação pessoal.

São incontáveis as ocasiões em que os Salmos falam de Deus como "refúgio e fortaleza", como "amparo e proteção", que alimenta a esperança inclusive nas circunstâncias mais extremas: Tanto na aflição individual: "na angústia tu me aliviaste" (Sl 4,2), como no aperto coletivo: "Ainda que eu caminhe por um vale tenebroso", diz o Salmo 22/23; e de maneira sublime, após uma crise em que esteve "a ponto de tropeçar", expressa-o o Salmo 73: "Quem teria eu no céu?/Contigo, nada mais me agrada na terra./Minha carne e meu coração se consomem: a rocha de meu coração, a minha porção é Deus, para sempre!" (vv. 25-26).

O fiel de Yahweh sabe inclusive que, definitivamente, não existe nenhum outro fundamento seguro para uma esperança que de verdade esteja em condições de assegurar o sentido da vida e a salvação da existência. Pode dizê-lo com palavras diretas: só no Senhor está a verdadeira esperança, "como criança desmamada no colo de sua mãe" (Sl 131,2). E pode expressá-lo em palavras de admoestação, duras como o pétreo: "Maldito o homem que se fia no homem, que faz da carne sua força, mas afasta seu coração de Yahweh" (Jr 17,5).

Este traço, inseparável da experiência bíblica autêntica, pode e deve ser purificado, para que não seja apequenado na armadilha dos antropomorfismos nem recaia na visão de um Deus intervencionista; algo não suficientemente superado no Antigo Testamento, nem sequer no Novo, e que provavelmente não o será jamais totalmente ao longo da história humana. Mas a afirmação deste caráter pessoal constitui, apesar de tudo, seu núcleo mais íntimo e genuíno. E só ele, por oferecer um apoio absoluto, eleva a esperança a seu mais alto grau e, fazendo-o a partir de um amor que respeita a liberdade, confere-lhe um caráter e uma dignidade estrita e priorosamente humanos.

De fato, creio que este aspecto é algo que, no mundo globalizado das religiões, o cristianismo não só deve cuidar com esmero e preservar com cautela para a vivência própria, mas também deve entregá-lo como oferta, gratuita mas preciosa, a uma humanidade ansiosamente aberta ao futuro, mas presa do temor a forças anônimas e angustiada por ameaças muito profundas e obscuras que põem em perigo sua própria sobrevivência. Alguém o disse de maneira eloquente: o cristianismo só cumpre verdadeiramente sua missão "se contagia de esperança os homens".[32]

4.2. Uma esperança realista

Se o traço do *amor* sublinha antes de tudo o caráter pessoal da esperança, o da *criação* permite compreender seu realismo. Algo muito importante em nosso tempo, posto que talvez o mais grave mal-entendido religioso do mundo moderno tenha consistido na convicção de que Deus é o grande rival do homem, como poder que o oprime, vampiriza e anula. Para rompê-lo, nada melhor que a visão que leva a sério o Deus que cria por amor, a partir da infinita plenitude e felicidade de seu ser. Um ser que, como disse são João, é *agápe* (1Jo 4,8.16), ou seja, que não só ama, mas que todo ele *consiste em estar amando*. Ao criar por amor, Deus não o faz buscando algo para si, ainda que sejam seu "serviço" e sua "glória", mas como quem dá e presenteia, como quem procura única e exclusivamente comunicar sua plenitude e sua felicidade.

A ação criadora é, nesse sentido, *infinitamente transitiva*, porque, justamente ao contrário do que proclamou Feuerbach, tanto mais é e mais se expande, quanto mais a criatura se realiza. Isso sempre o reconheceu a tradição cristã. Para são Paulo, a criação culminará quando "Deus for tudo em todos" (1Cor 15,28), ou seja, quando a criatura, longe de ficar anulada, alcançará sua máxima plenitude. Por sua parte, como já foi citado, santo Inácio de Antioquia o expressou de modo magnífico, ao afirmar que teremos chegado ali quando "formos verdadeiramente humanos".[33] E, assim sendo, acolher a Deus e a sua graça não significa alienar-se, abandonando a realidade da história para habitar no sonho de um além desconectado do tempo, mas abrir *esta* realidade para o crescimento de sua profundidade eterna. E, por suposto, não consiste em se fazer servo ou apequenar-se, mas, pelo contrário, em alcançar já *agora* o estatuto de "filho" (Gl 4,1-7) e ir crescendo até "a estatura da plenitude de Cristo" (Ef 4,13).

Assim pois, a modernidade em sua grande aspiração à realização humana e à transformação do mundo, de modo algum encontra diante de si, como seu inimigo, o Deus Criador. Ocorre exatamente o contrário. Criando *a partir do amor*, Deus não é o rival da criatura, mas seu promotor, que se alegra com cada avanço autêntico dela. Criando *a partir da transcendência* de sua plenitude infinita, não substitui sua ação, mas "cria criadores",[34] de sorte que a crítica moderna e a acusação marxista têm historicamente sua razão de ser; mas não denunciam o núcleo da experiência cristã; ao contrário, desmascaram sua deformação. Finalmente, *criando* a partir do amor, Deus está para além das duas grandes deformações que se haviam instalado na cultura ocidental: o desequilíbrio homem/cosmo e o dualismo sagrado/profano.

Com efeito, como ato unitário, a criação pelo único Deus funda a solidariedade indissolúvel entre todas as criaturas: desde a fundamental *huma-*

na de varão e mulher, que em sua unidade recíproca constituem a "imagem" do Criador,[35] passando pela *social* que une a todos como "filhos" e portanto irmãos pela única lei do amor, até a *cósmica*, pois o "domínio" humano sobre a terra (Gn 1,28) está em paralelo com o encargo de "cultivá-la e guardá-la" (Gn 2,15). Não vamos dizer que tanto a preocupação ecológica como a nascente ilusão cósmica estão já descritas na Bíblia. Mas nela palpita certamente o espírito que permite assumi-las na glória da liberdade e na modéstia da integração solidária e fraternal.

Compreende-se então que a esperança cristã, transcendente, não é alheia à esperança fundamental humana, imanente, nem sequer se sobrepõe a ela como um acréscimo; ao contrário, fundando-a, insere-se nas próprias entranhas tratando de levá-la a sua plenitude. Comentando Péguy, expressou-o com magnífica exatidão Hans Urs von Balthasar: *Gott hofft in uns hinein*.[36] Resulta difícil traduzir essa densa expressão, porém seu sentido aparece já à primeira vista carregado de profunda inspiração: "Deus espera até dentro de nós", que, neste caso, significa também e talvez o traduza melhor: "Deus espera a partir de dentro de nós". Por isso continua, citando agora Péguy, em seu estilo inconfundível: "E assim depende de nós que a esperança no mundo não seja um engano. Depende de nós (é para dar risada!) que o Criador não falhe em sua criação".[37]

Por isso, não cabe dualismo: as esperanças intramundanas são o lugar onde se realiza a esperança transcendente. Como do amor dissera são João, não pode esperar em Deus a quem não vê quem, ativa e comprometidamente, não espere no homem a quem vê: a esperança divina se realiza através do trabalho na esperança humana, e, atravessando-a, não a estorva ou diminui, privando-a de sua densidade humana, como tantas vezes se afirma de maneira superficial e apressada. Ocorre exatamente o contrário: anima-a, potencializa-a e abre-a ao espaço infinito da realização plena, em que poderão ser sanadas as feridas e cumpridos os anseios que ficam irremediavelmente insatisfatórios inclusive na melhor realização das esperanças históricas.[38] O Vaticano II o disse de maneira expressa e as teologias da esperança e da libertação o transformaram em tema central de modo crítico e sistemático para a consciência moderna.

Recolhendo esse clima, expressa-o bem F. Kerstiens:

> A esperança não é o "ópio do povo", mas um estímulo para a transformação do mundo sob o horizonte das promessas de Deus, precisamente a favor dos mais pobres e pequenos. A esperança cristã é a força propulsora de todas as esperanças intramundanas, penetra-as com todos os seus esforços e lhes dá nova vida com a confiança na misericórdia e onipotência de Deus quando elas chegaram ao final da própria força.[39]

4.3. Uma esperança universal

O esquema paraíso-queda-redenção era, por necessidade, solidário de uma visão particularista da revelação e, portanto, também da esperança. Até ontem mesmo, ensinava-se nos seminários e faculdades de teologia que Deus havia escolhido um povo e que só a ele havia confiado a revelação sobrenatural, deixando a todos os demais no estado de uma religião puramente "natural".

Não nos cabe ser demasiado severos com uma teologia condicionada pela leitura fundamentalista da Bíblia e por uma visão do mundo que lhe conferia uma certa verossimilhança: a humanidade se limitava no tempo aos quatro mil anos que separavam Cristo da criação de Adão, e se reduzia no espaço ao âmbito da *ecumene*, cujos extremos o próprio são Paulo sonhava em abarcar de alguma maneira apenas por poder chegar à Espanha (cf. Rm 15,22-29). Mas tampouco podemos resignar-nos a não tirar todas as conseqüências da nova situação, mantendo restos *fundamentalistas* que obscureçam o autêntico sentido da universalidade cristã.

Porque nada há mais oposto à universalidade radical e à generosidade irrestrita do *Abbá* Criador que qualquer tipo de elitismo egoísta ou de particularismo provinciano. Um Deus que cria única e exclusivamente por amor é evidente que vive voltado com generosidade irrestrita sobre todas e cada uma de suas criaturas. Não cabe pensar na imagem cruel de um pai egoísta, que, gerando muitos filhos, se preocupa só de seus preferidos e deixa os demais abandonados no "orfanato". Deus, que nos cria para a felicidade em comunhão com ele, chama *a todos e desde sempre*: não houve desde o começo do mundo um só homem ou uma só mulher que não tenham nascido amparados, habitados e promovidos por sua ação reveladora e por seu amor incondicional.[40] Que, portanto, não tenham direito à esperança.

No fundo, a humanidade sempre o compreendeu assim. Que são as religiões senão modos de configurar socialmente o descobrimento do divino como esperança contra a dor, o pecado e a própria morte? Por isso a Bíblia, apesar do inevitável e compreensível particularismo de seus começos, foi abrindo-se já desde o exílio na Babilônia à universalidade da esperança em uma salvação que abarca todos os povos. E, sobretudo, uma vez alcançada em Jesus a plenitude da revelação, por isso a esperança se abre no Evangelho para "todos os povos", com a segurança de que o Senhor estará com eles "até o fim do mundo" (Mt 28,19-20).

Paulo foi o grande campeão em explicitar esta idéia que estava viva, mas nem sempre explicitada, no anúncio de Jesus revelando-nos a Deus como o *Abbá* que ama todos sem discriminações nem favoritismos, até o ponto de não excluir sequer os "maus", a quem faz compartilhar com os bons o "sol" e a "chuva" dele. Era muito consciente da ameaça de desesperança que sempre paira sobre a humanidade, e pôde inclusive falar dos que ainda não descobriram o Senhor como daqueles que estão "sem esperança e sem Deus no mundo" (Ef 2,12; cf. 1Ts 4,13). Mas a experiência da salvação através de Cristo o fez ver que, se *todos* estávamos sob o poder do pecado (Rm 3,9.23) e se todos continuamos sob a ameaça da desesperança, *todos* vivemos já envolvidos na graça salvadora e "nos gloriamos na esperança da glória de Deus" (Rm 5,2).

Quando nas cartas pastorais se afirmar já sem rodeios que "Deus quer que todos os homens se salvem" (1Tm 2,4), se estará confirmando o que o amor criador de Deus estava tratando de fazer a humanidade compreender desde o começo do mundo: que nenhum homem e nenhuma mulher estiveram, estão ou estarão jamais abandonados a si mesmos, às forças do cosmo ou às opressões da história. Poderá passar, e de fato passa, de tudo no duro caminhar da humanidade, mas sobre ela, como seu protetor, e sob ela, como seu apoio inalterável, temos já a segurança de que está a presença salvadora do Senhor, assegurando a esperança. De maneira mais concreta o analisaremos no próximo capítulo. Agora vale a pena expressá-lo com palavras de são Paulo:

> E não é só. Nós nos gloriamos também nas tribulações, sabendo que a tribulação produz a perseverança, a perseverança uma virtude comprovada; a

virtude comprovada a esperança. E a esperança não dececiona, porque o amor de Deus foi derramado em nossos corações pelo Espírito Santo que nos foi dado (Rm 5,3-5).

4.4. Uma esperança absoluta

Na realidade, no que dissemos até agora, está tudo, ao menos todo o fundamental. Mas não será demais terminar insistindo em que, justamente porque em definitivo seu motivo último é o amor incondicional e infinito de Deus, o cristão descobriu que a esperança tem já, para ele e para todas as demais pessoas, um caráter absoluto. Neste sentido, ou seja, enquanto compreendida como apoiada em Deus, podemos afirmar, sem temor e sem soberba, que "a esperança não falha".

Naturalmente, tal afirmação não equivale nem a um passaporte para o descompromisso, nem a um conjuro mágico para garantir o êxito da história. Seu significado é muito mais profundo de quanto sugeriria essa versão irresponsável e alienante, posto que se realiza ao mesmo tempo na máxima confiança em Deus, por nossa parte, e no absoluto respeito a nossa liberdade, por parte de Deus. A esperança só tem sentido quando alguém, seja quem for e o faça de um modo ou de outro, "quer esperar". O que a partir da fé bíblica afirmamos então é que nesse momento toda mulher e todo homem têm a segurança de que seu desejo e seu esforço estão já envolvidos num amor mais poderoso que tudo, inclusive que seu próprio pecado. Um amor que assegura a esperança definitiva.

Porque não se trata de confiar em nossas forças, mas de ter a segurança de que elas, incluído seu possível fracasso, não anulam o fundamental e decisivo da esperança. E isto vale tanto de toda possível oposição que vem de fora, como daquela, no fundo mais terrível, que pode vir de nosso pecado.

Jesus o indicou de mil maneiras, chamando à confiança incondicional no *Abbá* que, amando infinitamente, cuida de nós sem que nem sequer um "cabelo de nossa cabeça" (Lc 21,18) escape a seu olhar; e, perdoando sem condições, nos ama ainda que sejamos maus e injustos (Mt 5,45), pois "ele é bom para com os ingratos e com os maus" (Lc 6,35). E, em seus momentos melhores e mais sublimes, a reflexão do Novo Testamento soube compreendê-lo a fundo e proclamá-lo sem restrição.

A Primeira Carta de são João, que não fala precisamente de um amor abstrato, sentimental ou descomprometido, mas de um amor que exige ser realizado "com ações e em verdade" (1Jo 3,18), o diz cortando pela raiz a perseguição mais temível, a do escrúpulo íntimo ou a da oculta desesperação da culpabilidade:

> Nisto reconheceremos que somos da verdade, e diante dele tranqüilizaremos o nosso coração, se o

nosso coração nos acusa, porque Deus é maior que nosso coração e conhece todas as coisas (1Jo 3,18-20).

Por sua parte, são Paulo, unindo realismo cru e confiança extrema, expressou-o com ênfase insuperável, numa das passagens mais profundas e gloriosas de toda a Bíblia, pois apresenta a esperança como superação definitiva de todos os possíveis obstáculos, sejam internos ou externos, humanos ou extra-humanos, do presente ou de qualquer tempo:

> Segundo está escrito: "Por sua causa somos postos à morte o dia todo; somos considerados como ovelhas destinadas ao matadouro". Mas em tudo isso somos mais que vencedores, graças àquele que nos amou. Pois estou seguro de que nem a morte nem a vida, nem os anjos nem os principados, nem o presente nem o futuro, nem os poderes, nem a altura nem a profundeza, nem qualquer outra criatura poderá separar-nos do amor de Deus manifestado em Cristo Jesus, nosso Senhor (Rm 8,36-39).

Notas

[1] Chamo-o assim — "tempo da Igreja" — em favor da clareza, mas sem a pretensão de restringir à "Igreja" a presença salvadora do Deus de toda a história e de toda a humanidade. É o tema, tão importante hoje, do diálogo das religiões.

[2] Há um livro que alude a isto já no título: J. L. Walls. *Hell. The Logic of Damnation*. Notre Dame (Indiana), 1992. Escrevi algo a esse respeito em: *O que queremos dizer quando dizemos inferno?* São Paulo, 1997.

[3] K. Barth — aceitando o esquema! — chega a afirmar que na cruz "Deus atuou como Judas" (KD II/2, 543; tomo a citação de M. Fraijó. *A vueltas con la religión*. Estella, 1998, p. 139). Sobre as conseqüências teológicas deste último aspecto, o da "satisfação", insiste com vigor J. M. Castillo. *El Reino de Dios. Por la vida y la dignidad de los seres humanos*. Bilbao, 1999, que chega a falar de "desatino" (pp. 389- 391; cf. 386-394).

[4] Isso não ignora em absoluto a *gratuidade*, porque gratuita é a criação mesma, e a mesma "necessidade" de Deus — o *desiderium naturale* — que se faz presente na pessoa é ela mesma, e por essência, gratuita: como dissera H. de Lubac, o homem não deseja a Deus como o cachorro a sua presa. De fato, inclusive o "existencial sobrenatural", que supôs um passo adiante que a teologia católica nunca agradecerá o suficiente a Karl Rahner, resulta demasiado dualista, pois sugere um "acréscimo" a uma "naturaleza" que só graças a ele se tornaria "sobrenatural". Por isso mesmo, convém riscar do discurso teológico expressões como "*supralapsario*" ou "*poslapsario*", que, no fundo, continuam veiculando um dualismo que pode resultar fortemente perturbador.

[5] Título de uma obra de P. Tillich. *The Courage to be* (1952), que merece ser meditada nesse contexto.

[6] G. Barbaglio. "Criação". In: *Nuevo Diccionario de Teología* I. Madrid, 1982, p. 186.

[7] M. Fox. *Original Blessing. A primer in Creation Spirituality Presented in Four Paths, Twenty-Six Themes, and Two Questions*. Santa Fe, 1983, p. 11.

[8] R. Bultmann, *Neues Testament und Mythlogie*. In: Idem. *Kerygma und Mythos* (hrsg. von H. W. Bartsch), Hamburg, 1948, p. 18 [N.T.: tradução brasileira: "Novo Testamento e mitologia". In: *Crer e compreender: artigos selecionados*. São Leopoldo, 1987, p. 16]; cf. Idem. "Zum Problem der Entmythologisierung". In: *Glauben und Verstehen* IV, Tübingen 1967, pp. 128-137; Idem. *Jesus Christ and Mythology*. New York, 1958 (trad. cast: *Jesucristo y Mitología*. Barcelona, 1970).

[9] Cf. a discusão em R. Bultmann – K. Jaspers. *Jesús. La desmitologización del Nuevo Testamento.* Buenos Aires, 1968.

[10] Cf. as exposições matizadas de I. U. Dalferth. *Jenseits von Mythos und Logos. Die christologische Transformation der Theologie.* Herder, 1993, pp. 132-164; C. Ozankom. *Gott und Gegenstand.* Paderborn, 1994, pp. 121-170; K.-J. Kuschel. *Geboren vor aller Zeit? Der Streit um Christi Ursprung.* Piper, München/Zürich, 1990, pp. 154-222; J. Greisch. *Paul Ricoeur. L'itinérance dus sens.* Grenoble, 2001, pp. 112-123.

[11] Esta insistência de A. Harnack e de Amor Ruibal é confirmada por A. Orbe, que considera os valentinianos como "os primeiros grandes intelectuais da fé cristã" (*Estudios Valentinianos V.* Roma, 1956, viii).

[12] A expressão é de G. Ebeling. *Dogmatik des christlichen Glaubens* I. Tübingen, 1982; disponho da tradução italiana: *Dogmatica della fede cristã* I. Genova, 1990, pp. 383-384: "Redenzione dalla creazione?".

[13] Veja-se a equilibrada exposição de B. Sesboüé. *Jesucristo, el único Mediador.* Salamanca, 1990, pp. 353-371, principalmente 361-366.

[14] V. Grossi – B. Sesboüé. "Pecado original y pecado de los orígenes: del Concilio de Trento a la época contemporánea". In: B. Sesboüé (ed.). *Historia de los dogmas II: el hombre y su salvación.* Salamanca, 1996, p. 151 [N.T.: tradução brasileira: *História dos dogmas 2: o homem e sua salvação.* São Paulo, 2003]. Cf. o texto integral: "Assim, o clima do pensamento de Irineu sobre o pecado na humanidade é muito menos trágico que o de Agostinho. Esse pecado não é uma catástrofe; é uma peripécia, grave e horrível sem dúvida, mas um tanto inevitável e previsível, dada a debilidade do homem em seus começos; uma peripécia que deixa o homem capaz de usar de sua liberdade e cuja salvação conseguida em Cristo cede em honra e em triunfo do homem. Irineu a integra de alguma maneira na dinâmica do crescimento da humanidade em direção a Deus".

Como é bem conhecido, este é um tema profusa e intensamente estudado por A. Orbe. *Antropología de san Ireneo.* Madrid, 1965; Idem. *Teología de san Ireneo.* 3 vol., Madrid, 1985-1988; cf. às sínteses que oferece em Idem. *Introducción a la teología de los siglos II y III.* Salamanca, 1988, pp. 201-

204, 215-218, 259-268 (as últimas páginas mostram como ele consegue "integrar" o pecado de Adão).

[15] Op. cit., sobretudo o "Appendix C: An Annotated Bibliography of Creation-Centered Spirituality", pp. 321-327.

[16] Cf. a síntese que oferecem V. Grossi e B. Sesboüé no trabalho citado.

[17] Cf., por exemplo, W. Pannenberg. *Systematische Theologie* II. Göttingen, 1991, pp. 266-314.

[18] *Gott in der Schöpfung. Ökologische Schöpfungslehre*. München, 1985. Basta observar o índice para apreciar como o processo vai da criação inicial ao *shabbat* final; o pecado aparece de maneira indireta, como acompanhamento estrutural de todo o processo: cf. pp. 235-239: "Ebenbild Gottes und Sünder zugleich" (Ao mesmo tempo imagem de Deus e pecador).

[19] A última etapa do pensamento de L. Boff, com suas numerosas publicações, é uma boa mostra a respeito.

[20] *Recupera-la creación. Por unha relixión humanizadora*. Vigo, Sept, 1996 (trad. cast.: Recuperar la creación. Por una religión humanizadora. Sal Terrae, Santander, 1997). [N.T.: tradução brasileira: *Recuperar a criação. Por uma religião humanizadora*. São Paulo, Sal Terrae, 1999.)

[21] *Recuperar a salvação. Por uma interpretação libertadora da experiência cristã*. São Paulo, 1999.

[22] G. Ebeling observa muito bem: "Não convém deixar-se levar pela ânsia apologética, que vê a marca de identidade de uma revelação válida numa originalidade que exclui qualquer paralelo em outras religiões" (op. cit., p. 326). E G. Barbaglio: "As passagens mais conhecidas do AT sobre a criação — Gn 1–2 — têm uma semelhança tão evidente com os relatos mitológicos da área cultural do antigo Oriente Médio, descobertos nas escavações arqueológicas efetuadas desde o século passado, que isto colocou inicialmente problemas angustiantes de caráter apologético. Creu-se poder afirmar a superioridade da Bíblia destacando certos detalhes e alguns matizes mais espirituais. Houve alguns que puseram a peculiaridade da Bíblia no fato de que ela ensina que Deus criou por meio da palavra. Mas hoje sabemos que também em uma cosmogonia egípcia se realiza a

criação mediante a palavra. Na realidade, a única e autêntica originalidade da noção bíblica de criação consiste em sua perspectiva histórico-salvífica. Por ela se diferencia de todos os relatos mitológicos da época, bem como de qualquer concepção filosófica ou científica" (art.cit., pp. 188-189; remete a C. WESTERMANN. *Creazione*. Brescia, 1974, pp. 23-25).

[23] Cf. a exposição de primeira mão que faz W. KOPPERS. "El hombre más antiguo y su religión". In: F. KÖNIG (org.). *Cristo y las religiones de la tierra* I. Madrid, 1968, p. 103.

[24] *Das Christentum. Wesen und Geschichte*. München, 1994, pp. 792-793.

[25] *Der christliche Glaube* 1821-1822, §48; Studienausgabe 1, Berlin/New York, 1984, p. 140.

[26] Ibid., §50, 1; p. 148; todo o parágrafo merece ser lido com atenção.

[27] *Lo Santo*. Madrid, 1965, pp. 20-23 [N.T.: tradução brasileira: *O sagrado*. São Bernardo do Campo, 1985].

[28] "No AT não se vai da criação à história, mas o contrário; portanto, não: o Criador (sujeito) é Yahweh (isto é, o Deus de Israel), mas: Yahweh (sujeito) é o Criador" (W. FOERSTER. "Ktidzo": *ThWzNT* III, 1004).

[29] É uma justa insistência de E. BRUNNER. *Dogmatik II*. Zürich, 1950, p. 17; K. Barth, como nota, aprovando-o, J. MOLTMANN. op. cit., pp. 67-68, nota 5.

[30] Em um trabalho pouco conhecido, mas interessante: "Trascendencia y Física" (in: *Gran Enciclopedia del Mundo*. Durvan 19, Bilbao, 1964, pp. 419-424), na p. 422; retoma depois a expressão em outros lugares.

[31] Veja uma excelente exposição desta dialética dual em P. SACCHI. *Historia del Judaísmo en la época del Segundo Templo*. Madrid, 2004, pp. 19-29 e *passim*.

[32] É o que diz J. MOLTMANN. *Teologia da esperança*. São Paulo, 2005. citando o holandês J. C. HOEKENDIJK. *Mission – heute*. 1954, p. 12.

[33] Literalmente: "quando tiver chegado lá, serei verdadeiramente pessoa (*anthropos*)" (*Ad Romanos* VI, 2: cf. *Padres apostólicos*, ed. de D. Ruiz Bueno, Madrid, 1965, p. 478 [N. T.: tradução brasileira: *Padres apostólicos*. São Paulo, 1995, p. 106]).

[34] A expressão vem de H. Bergson e é prolongada por M. Blondel; veja a análise, rica em referências, de A. Gesché. "L'homme créé créateur". In: *Revue Théologique de Louvain* 22 (1991), pp. 153-184; agora e Idem. *O ser humano, Deus para pensar.* v. 2. São Paulo, Paulinas, 2003, pp. 53-83.

[35] A isso alude o simbolismo inesgotável da afirmação genesíaca: "E Deus criou o homem a sua imagem: à imagem de Deus o criou, macho e fêmea os criou" (Gn 1,27); daí que "à imagem de Deus o criou" está em estrito paralelo com "macho e fêmea os criou". Idéia na qual, como se sabe, K. Barth insistiu com especial vigor.

[36] *Herrlichkeit. II/2 Laikale Stile.* Einsiedeln, 1969, p. 861.

[37] *Oeuvres poétiques complètes.* Éd. de la Pléiade, Paris, 1941, p. 235.

[38] Também aqui viu bem Charles Péguy, inclusive em sua etapa não crente: "Vós, os cristãos, sois a gente mais infeliz. Sois também a mais feliz. Infinitizastes tudo. Elevastes ao infinito a medida dos valores" (*Oeuvres en prose*, ed. cit., Paris, 1957, 485; Balthasar traz a citação nas pp. 811-812).

[39] "Esperanza". In: *Sacramentum mundi 2* (1972), pp. 792-803 (em 801-802).

[40] A fundamentação destas idéias, que se apóia sobretudo na obra de K. Rahner, E. Schillebeeckx e W. Pannenberg, pode ser conferida em minha obra *A revelação de Deus na realização humana.* São Paulo, 1997.

capítulo 3

A realização da esperança: o mal a partir da cruz e da ressurreição

"Esperando contra toda esperança" (Rm 5,18)

A esperança como existencial humano encontra sua segurança definitiva e a plenitude de sua realização quando consegue apoiar-se no Divino como seu fundamento último. A esperança cristã o mostra de maneira luminosa ao saber-se apoiada no Deus-que-cria-por-amor: pessoal, realista, universal, absoluta são suas características. Porém o mal continua sendo a presença terrível que ameaça denunciar como mero idealismo toda essa visão. Se não se conjura a ameaça, se não conseguimos mostrar que sua sombra inquietante não é capaz de eclipsar completamente a luz da esperança, todo o discurso ficará em suspenso e a "menina esperança", como a chamava Charles Péguy, se esconderá angustiada e não será capaz de seguir sustentando suas irmãs, a fé e a caridade.

E, na comum busca humana por um horizonte último de sentido, o cristianismo não terá nada de verdadeiramente original a oferecer. O mal continuará criando esse vazio obscuro para o qual em vão tentam soluções parciais, sempre ameaçadas de acabar naufragando na renúncia a todo sentido ou fracassando nos terríveis obstáculos da morte individual inevitável e da injustiça irreparável. O desafio é total e, com a entrada no âmbito minado da atual cultura crítica, se converteu literalmente em aposta de vida ou morte para uma fé que, com honestidade e rigor, queira "dar razão" de si mesma.

I. A esperança perante o desafio do mal

Ao longo dos dois capítulos anteriores, o mal foi citado em repetidas ocasiões, mas não foi enfrentado de maneira temática. É chegado o momento de tentá-lo. A necessidade de fazê-lo se compreendeu assim já desde as novas perspectivas introduzidas pela entrada da Modernidade. Kant foi, também nisto, o grande pioneiro, e por isso o problema do mal se fez para ele estreitamente solidário com o tratamento da esperança. E não é casualidade que ele tenha afirmado que por isso mesmo a religião é o lugar próprio da esperança: para ele, só apoiada em Deus pode a esperança adquirir sua coerência e solidez definitivas. Mas, como em todos os começos, a explicação não pôde alcançar sua plena conseqüência e deixou importantes cabos soltos que pedem ser atados e prolongados pela reflexão posterior.

Dado o prestígio de Kant, isto não costuma ser sublinhado de maneira suficiente. E, no entanto, creio que resulta de importância capital em um tempo em que, como ele mesmo assinalou, tampouco a religião, apesar de sua "santidade", pode subtrair-se aos interrogantes da "era da crítica", sob pena de "atrair sobre si a justa suspeita" da razão e ver-se privada de um "respeito sincero".[1] Não se trata de entrar agora em toda essa problemática. Porém, isso sim, parece-me indispensável — e é algo em que venho insistindo já faz tempo — assegurar *de maneira mais estrita e coerente* o apoio divino da esperança, apesar da dura objeção do mal. Muito concretamente, refiro-me a sua proclamação do "fracasso de toda teodicéia" que não seja a exclusivamente "autêntica", ou seja, aquela que, dando por não válida toda fundamentação racional, se remeta unicamente à palavra revelada.

De entrada, essa atitude pode dar a impressão de favorecer a teologia e até de ser a saída mais "piedosa". No entanto, assim como acontece com todo fideísmo, mais adiante acaba sendo prejudicial para a fé. Porque as objeções da razão, quando apontam para uma dificuldade real, uma vez levantadas, não podem ser caladas sem minar a credibilidade da fé. E não cabe negar que as objeções contra a solução religiosa do problema do mal são formidáveis, ao ponto de que, como é bem sabido, Georg Büchner o tenha qualificado de "pedra de toque do ateísmo"[2], e autores tão sensíveis como Dostoievski e Camus vejam no sofrimento inocente — talvez a mais terrível das figuras do mal — ou a renúncia a toda compreensão ou ainda a impossibilidade de crer em Deus.

O famoso *dilema de Epicuro* — ou Deus pode e não quer evitar o mal, e então não é bom; ou quer e não pode, e então não é onipotente — continua aí para mostrá-lo.

Em épocas anteriores, este dilema pôde ser assimilado vivencialmente, porque o ambiente religioso geral conferia à fé uma plausibilidade social e uma segurança vivencial que a protegia contra os efeitos últimos da contradição lógica. Mas hoje isso já não é possível. Perante um problema tão grave e obscuro, não podemos aspirar a clarezas totais nem a demonstrações apodíticas. Mas tampouco vale o subterfúgio da inconseqüência lógica ou envolver-se em retóricas teológicas que, na realidade, escapam ao problema. Se não conseguimos mostrar sequer a ausência de contradição entre, por um lado, nosso reconhecimento da presença terrível do mal no mundo e, por outro, nossa fé em que o Deus que o criou é ao mesmo tempo bom e onipotente, deveremos reconhecer honestamente que a coerência racional, ou ao menos razoável, da fé fica ameaçada na raiz.

Ninguém poderia considerar honesta uma pessoa que, sejam quais forem seus motivos, podendo acabar com a fome de todas as crianças do mundo, se negasse a fazê-lo... E é óbvio que muito menos caberia admitir isso de um Deus a quem consideramos infinitamente bom. Por outro lado, é igualmente óbvio que tampouco vai por bom caminho o recurso contrário, hoje demasiado freqüente, que opta por negar a onipotência divina: por muito que se dissimule em atenuantes aparentemente racionais, um "deus-finito" não é Deus.

Já se compreende que propor isto não obedece ao gosto por perguntas ociosas ou de mera curiosidade intelectual. Na realidade, aqui está em jogo a essência mesma da esperança cristã, pois ficaria minado seu fundamento principal se a serpente da dúvida se introduzisse na própria idéia de Deus. Só um Deus que nos ama sem limites e que, definitivamente, tem poder para livrar-nos do mal pode assegurar de verdade nossa esperança. Não obstante, então é preciso mostrar que, apesar de todas as aparências, a presença do mal no mundo não contradiz a fé nesse Deus. Tarefa difícil, mas que em todo caso não pode ser obviada e que não há por que declarar impossível *a priori*, pois ordinariamente a mesma cultura que agrava as dificuldades oferece também novos recursos para enfrentá-las.

2. Uma nova radicalidade

De algum modo, a *teodicéia* existiu sempre, mas não é casual que como conceito preciso e ainda como disciplina autônoma tenha nascido na Modernidade.[3] A ruptura do "dossel sagrado" que envolvia, praticamente sem fissuras, a cultura pré-moderna mostrou a debilidade das respostas recebidas, expondo em carne viva a contradição do mal. Se antes sua força lógica e seu impacto emocional podiam ficar absorvidos pelo englobamento da vivência religiosa e sua forte plausibilidade social, agora o problema ficava desnudado: sem tabus sociais e sem interditos culturais. O *ateísmo*, ao mesmo tempo fruto e motor, se converteu em uma alternativa real: ou a resposta se mostrava plausível e coerente, capaz de romper a contradição e abrir a esperança, ou o protesto e a negação imporiam seu reinado cultural.[4]

A *discussão Bayle-Leibniz* o mostrou em toda sua crueza. Bayle, com seu protesto apaixonado, deixou patente que, partindo dos esquemas da fé tradicional, as soluções simplesmente piedosas já não resistiam ao embate do dilema de Epicuro. Este se estendia agora inclusive ao pecado de Adão: "Se [Deus] previu o pecado de Adão, e não tomou medidas muito seguras para evitá-lo, carece de boa vontade para com o homem [...]. Se fez tudo o que pôde para impedir a queda do homem, e não logrou consegui-lo, não é todo-poderoso, como supúnhamos".[5] Leibniz, sem cortar todas as amarras com os esquemas passados, compreendeu a necessidade da mudança. O problema do mal exigia uma nova navegação: seus excessos racionalistas e sua insuficiente conseqüência na renovação não devem ocultar a novidade: o *malum metaphysicum* situava o problema num novo plano histórico. E foi pena que as superficialidades de Voltaire nesse ponto se aliassem com a rotina das respostas tradicionais para impedir que o problema entrasse pela justa porta que assim se lhe abria.

Leibniz, com efeito, como o demonstrou em sua controvérsia com Clarke, ao reconhecer a mutação irreversível suposta pela descoberta da *autonomia do mundo*, não ocultou o problema da nova racionalidade, que, negando o intervencionismo divino nas leis físicas para corrigir a órbita dos planetas, impedia dar como imediata a evidência do divino. Mas estabeleceu as bases para uma nova conseqüência: pela mesma e idêntica razão, tampouco era então evidente a atribuição a Deus da responsabilidade pelos males desse mundo. Leibniz não podia, de um só golpe, superar todas as inconseqüências da proposição tradicional. Mas, em parte graças a ele, e, sobretudo, ajudados pela superação do fundamentalismo bíblico e por uma consciência mais aguda da secularidade, estamos em melhores condições para alcançá-lo; e seria imperdoável que, presos às rotinas ou aos prestígios do passado, continuássemos repetindo "soluções" que, abordadas a partir de um rigor mínimo, não podem responder ao questionamento atual.

Porque, na realidade, tudo muda se se leva a sério e à altura de nosso tempo a autonomia do mundo em seu funcionamento empírico. Porque então o mal já não lhe pode ser simplesmente extrínseco, de sorte que atribuí-lo sem mais a Deus equivale a negar a mesma autonomia na qual se apóia o protesto contra ele. A nova situação exige uma nova proposição. Já não é lícito enfrentar sem mediação a pergunta nova, a partir de um mundo secularizado, com a resposta velha elaborada no antigo universo sacral. *Epicuro tem de ser revisado.* E convém notar que não é só o aspecto teórico o que está afetado. Acontece o mesmo com o *prático*, uma vez reconhecida a autonomia do mundo social. Porque então, da mesma forma que se afirma que não é em Deus mas na práxis humana que se apóia o funcionamento da sociedade, tampouco tem sentido remeter sem mais a ele os terríveis males da alienação e da injustiça social.

Que essa mudança não tenha sido percebida em toda a sua profundidade, creio que constitui o maior *handicap* de *quase todos* os tratamentos atuais sobre o mal, tanto dos que defendem como dos que atacam a teodicéia. A coerência com a nova situação secular impõe para todos a necessidade de um tratamento renovado. O que exige distinguir cuidadosamente um duplo plano, que faz algum tempo tratei de sublinhar empregando dois nomes distintos.

No *primeiro*, é preciso afrontar o mal em si mesmo, como problema-do-mundo, enquanto fruto do funcionamento autônomo de suas leis, incluídas as humanas. É a *ponerologia* (do grego *ponerós*, "mal"), ou seja, o tratado do mal como pergunta universal, prévia, portanto, a todo alinhamento religioso ou não religioso.

Sobre ele se situa o *segundo* plano, o das respostas particulares ao problema geral. Enquanto respostas, constituem opções de sentido, convertendo-se cada uma em cosmovisão ou "fé" em sentido amplo. Fé que é preciso justificar, dando suas razões e mostrando sua coerência: é o plano da *pisteodicea* (do grego *pistis*, "fé"), cujas modalidades podem ser religiosas ou não religiosas, à medida que cada resposta conte ou não com Deus como elemento constitutivo.

Neste sentido, hoje a *teodicéia* clássica deve assumir a figura de uma "pisteodicéia cristã". Cabe-lhe, portanto, realizar a tarefa de *sempre*, mostrando a coerência de uma fé que apóia sua resposta na confissão de um Deus-amor, mas que ao mesmo tempo não pode negar a imensa ferida do mal no mundo criado por ele. E tem de fazê-lo fazendo jus à altura do momento histórico, reconhecendo por igual a seriedade das dificuldades e as possibilidades de uma nova resposta, de sorte que esta se situe ao mesmo nível da pergunta atual. Algo impossível, se com lucidez crítica não se procede a uma intensa varredura intelectual, que elimine os pré-julgamentos acumulados na longa história do problema.

3. A ponerologia: romper o dilema de Epicuro

Talvez a maior contribuição que a distinção de planos pode trazer consista justamente em que ela permite questionar a evidência do maior e mais persistente mal-entendido na história do problema: o *pressuposto inquestionado* de que o paraíso é possível na terra; ou, dito de forma mais precisa, de que é *possível um mundo-sem-mal*. Porque, como fica estabelecido e agora convém analisar mais detalhadamente, nesse pressuposto, o dilema de Epicuro resulta irrefutável: ou Deus quer e não pode eliminar o mal do mundo; ou pode e não quer; ou nem quer nem pode. Em nenhum caso seria isso coerente com um Deus, confessado como bom e onipotente.

As soluções oferecidas, à medida que vão sendo examinadas, deixam patente sua *incoerência*. Nem um deus finito (de Voltaire a Hans Jonas)[6], nem um deus malvado (como o insinuado por Cioran)[7] resultam num conceito pensável. E o confuso recurso tradicional ao "mistério" ou ao "paradoxo" de um deus que "poderia" evitar o mal, mas que, por razões para nós imperscrutáveis, não quer, e que, no entanto, ama o mundo até o extremo de entregar seu filho à cruz para salvá-lo, tampouco resiste ao menor embate com uma razão libertada da tutela teológica. Resulta demasiado evidente que esse deus seria moralmente inferior aos homens. Estes gastam muitas vezes sua vida lutando contra o mal, enquanto ele, podendo eliminá-lo apenas com seu querer, não moveria nem um dedo. Por outro lado, argumentar com a ajuda posterior, embora seja tão impressionante como a cruz, tampouco é válido: esforçar-se por remediar, e ainda compartilhar, um mal que tenha podido evitar chega já demasiado tarde; e, além disso, reproduz o problema: se pode eliminá-lo apenas com o querer, e não o faz, carece depois de sentido sua luta dolorosa e, o que é pior, nem sempre eficaz contra ele.

Tampouco vale o recurso, o mais das vezes inconsciente, de esquivar-se do problema insistindo em que se trata de uma "questão prática", com o argumento de que o que interessa é combater o mal e não explicá-lo. Porque então passa despercebido que a inegável dose de verdade incluída nessa afirmação oculta a outra parte, igualmente inegável: que não é humana, muito menos sustentável, uma práxis privada de sentido por uma manifesta contradição interna. Além do mais, essa saída inclui quase sempre uma oculta cumplicidade com o aludido recurso ao "mistério", que acaba anulando e convertendo em meramente retóricas as chamadas à responsabilidade intelectual.[8]

Esta lógica, repito, pôde ficar ocultada ou dissimulada numa cultura não secularizada; mas aparece como irrefutável na situação atual, enquanto se continue mantendo como pressuposto a possibilidade de um mundo-sem-mal. O curioso é que a necessidade de revisão afeta igualmente a postura contrária, a da acusação atéia, pois tampouco resulta lógico mantê-la sem discussão, quando se argumenta a partir da autonomia mundana. Com efeito, quando se parte de um mundo autônomo, a primeira coisa que se faz é sempre buscar nele as causas do que nele sucede; e não é lógico culpar Deus..., para negar a seguir sua existência, já que essa negação em nada contribuirá para a solução do problema.[9]

Além do mais, no fundo, isto é aceito por todos. Prova-o o fato de que, fora das já sabidas e anacrônicas exceções, enquanto a pergunta se mova neste nível, ninguém pensa hoje — ao contrário do que sucedia até há muito pouco — em busca, por exemplo, uma causa sobrenatural para o flagelo da AIDS, seja como castigo de Deus, seja como maldição do demônio. Coisa que vale *para qualquer mal* no mundo, pois sabemos que para ele sempre há uma causa concreta: poderemos desconhecê-la, mas não a buscaremos em nada extramundano. Tampouco em Deus.

Ou seja, o processo cultural pôs em evidência que todo mal concreto remete a uma causa mundana. Portanto, *neste nível*, não tem sentido nem acusar nem justificar a Deus: diante da peste que assola a cidade estão fora de lugar tanto a queixa e a submissão religiosa do padre Paneloux como o protesto e a negação atéia do doutor Rieux. Dito de maneira um tanto brutal: uma vez que sabemos que a enfermidade da criança é causada por bacilos muito concretos, nem teodicéia nem ateísmo são — contrariamente ao que pensava Camus — respostas lógicas.[10]

Claro que com isso não fica liquidada toda a pergunta, pois, mesmo que se admita que os males concretos têm sempre sua causa dentro do mundo, fica o interrogante ulterior acerca de se as coisas não poderiam ser de outra maneira, se não seria possível um mundo sem mal. Mas então convém estar consciente de duas coisas: primeiramente, que a pergunta subiu de nível, fazendo-se *filosófica* — não, ainda, religiosa! —, posto que questiona o todo do mundo; e, em segundo lugar, que agora essa possibilidade já não é o pressuposto, mas a questão a elucidar. A possibilidade de um mundo-sem-mal perdeu seu caráter de herança evidente e passa a ser a *quaestio disputata*.

Pois bem, creio que hoje, sendo menos racionalistas que Leibniz e renunciando entre outras coisas a suas especulações acerca do "melhor dos mundos", sobram motivos para lhe dar razão neste ponto preciso. Não é possível tal mundo, porque a raiz última do mal, sua condição de possibilidade, situa-se na *finitude*,[11] e esta se identifica com a própria existência. De outro modo o mundo simplesmente não poderia ser, pois "Deus não poderia dá-lo todo sem fazer um deus".[12] Algo que, respeitada sua especificidade, vale igualmente para a *liberdade* humana, pois também ela, como finita que é, não pode aspirar ao domínio infinito de seus condicionamentos nem de seus recursos, ou seja, não pode realizar-se de modo absolutamente perfeito sem incorrer *também* em culpa.[13] Para percebê-lo, basta um mínimo de atenção à experiência, tanto própria quanto alheia, tanto individual como coletiva. E continuam sendo válidas as análises de Paul Ricoeur acerca da *fragilidade* constitutiva da liberdade humana.[14]

Trata-se de uma conclusão que, no fundo, está assumida pelo dinamismo vivo da filosofia moderna: "toda determinação é negação", dissera Spinoza,[15] porque uma qualidade finita nega *necessariamente* sua contrária: um triângulo não pode ser circular, porque isso equivaleria a sua negação, não num aspecto determinado, mas em seu próprio *ser*. E, passando a uma consideração dinâmica, é bem sabido que Hegel, com pleno direito, faz da negação o motor mesmo da realização do real.[16] Mas onde há negação, aparecem inevitavelmente a carência e o conflito, o choque e a dor. Revestirão características distintas segundo se trate de realidades físicas ou de realidades livres; mas, mal físico ou mal moral, a experiência mostra que, enquanto há um mundo em realização, sua dura aparição foi, é e será inevitável.

Pensar em um mundo-finito-sem-mal equivale, portanto, a pensar em um círculo-quadrado ou em um ferro-de-madeira, porque, definitivamente, seria pensar em um mundo finito-infinito. A enorme complexidade do mundo faz com que a evidência não seja tão clara para ele como para os exemplos concretos, porque estes, reduzidos a uma única dimensão, abrem imediatamente sua evidência. Porém a razão é idêntica, posto que se enraíza na *finitude*, e esta — igualmente válida para o mundo inteiro e para a mais simples qualidade — é a que gera a incompatibilidade e o conflito.

O espaço da presente reflexão não permite uma demonstração mais detalhada. Espero que o que dissemos baste para compreender o fundamental: o dilema de Epicuro é *hoje* anacrônico, pois vem de um pensamento já passado; e carece de sentido, pois se apóia num pseudoconceito. Muito menos tem significado perguntar se Deus quer e não pode criar um mundo-sem-mal como perguntar se quer e não pode fazer círculos-quadrados.[17]

4. A pisteodicéia cristã: a coerência de crer em Deus apesar do mal

Mas tampouco este resultado significa que o problema desapareça e tudo fique resolvido. Ao contrário, alcança seu *último nível*, porque, suposta a existência do mundo, o mal resulta *inevitável*, então é preciso perguntar-se se o mundo vale a pena; ou, o que é a mesma coisa, se com essa condição têm sentido a história humana e a vida individual.

4.1. *O problema da coerência: caminho curto e caminho longo*

Assim, pois, agora a pergunta se situa no nível das respostas últimas e das posturas globais perante o problema do mal. É o nível da *pisteodicéia*, enquanto todos estamos chamados a justificar a própria "fé" — seja filosófica, seja teológica, seja crente, atéia, seja agnóstica —, mostrando os fundamentos, o significado e a coerência da resposta adotada. Portanto, aqui é o lugar onde também hoje se lhe exige à "pisteodicéia cristã" ou, dito em termos tradicionais, à *teodicéia* mostrar suas credenciais.

Na realidade, para uma fé viva e atuante, deveria bastar aquilo que cabe qualificar como "caminho curto", enquanto se apóia diretamente na confissão de Deus como amor. Porque resulta evidente que, se se confessa que "Deus consiste em amar" (*Ho Theós agápe estín*: 1Jo 4,8.16) e que nos criou unicamente por amor, todo o que se opõe a nosso bem se opõe identicamente a ele. Ou seja, uma fé viva compreende por instinto que, se há mal no mundo, não é porque Deus o queira ou o permita, senão porque *não pode ser* de outra maneira: em última instância, porque resulta inevitável. Se vejo uma criança sofrendo de câncer e sua mãe junto dela, não necessito de um agudo exercício lógico para saber que se trata de algo que a mãe não pode evitar. Pois bem, ainda que aí falhasse a lógica e a criança sofresse porque a mãe se havia esquecido do fruto de suas entranhas, aqui não pode falhar; faz muito tempo que, pondo-o na boca do mesmo Deus, nos foi dito por meio do profeta: "Ainda que ela se esquecesse, eu não me esqueceria" (Is 49,15).

Dentro da *lógica da fé*, essa conseqüência resulta tão evidente, que hei de confessar que cada vez me assombra mais o fato de que o grosso da teologia continue resistindo a ela, inclusive pagando o preço indicado de incorrer não só em contradições lógicas, mas também em duras inconseqüências religiosas.

De todos os modos, é óbvio que tal resistência não obedece a um capricho. Representa o preço de una herança que não tinha outra saída: dando, como se dava, por suposto que um mundo-sem-mal seria possível, a *inevitabilidade* objetiva se converteria em *impotência* subjetiva de Deus. E isso era demasiado. Porém, por outro lado, confessá-lo onipotente e não negar o mal ameaçava sua *bondade*. Então, deixando na penumbra a nitidez das palavras e a lógica dos conceitos, o único remédio era refugiar-se no "mistério",[18] ainda que não se tratasse disso, mas de uma mera contradição lógica gerada pelo próprio discurso.

E, sendo realistas, há que reconhecer que em tais circunstâncias o instinto *religioso* — dito em terminologia teológica, o *sensus fidei* — tinha razão: se *então* não existia outra saída, faziam bem em apegar-se a esse recurso: *pereat logica, dum fides salvetur*, pereça a lógica, contanto que se salve a fé. De fato, mal ou bem, essa reação funcionou até a chegada da Modernidade. O mau é que mantê-la *agora e assim* pode resultar suicida.

Daí a importância e a necessidade de completar o caminho curto, justificando sua validade de fundo, mediante o rodeio pelo "caminho longo" da ponerologia. Só desfazendo o pressuposto da possibilidade de um mundo-sem-mal resulta possível mostrar a coerência do intuído apesar de tudo pelo instinto da fé. Efetivamente, a ponerologia mostrou que não se trata de que Deus "não queira" evitar o mal porque não é bom ou que "não possa" porque, como a mãe diante de seu filho, Deus não é onipotente. O que acontece é que essas frases são, como diria o *Qohelet*, um inócuo "açoitar o vento". Dado que mundo-sem-mal é uma *contradição*, um *nada*, um mero *flatus vocis*, dizer que o mal é inevitável não diminui em absolutamente nada nem a onipotência nem a bondade divinas. Deus não é nem menos onipotente nem menos bom, apenas porque nós enunciemos o *nonsense* de que "não pode" fazer um ferro-de-madeira ou desenhar um círculo-quadrado. O mal não é um problema de Deus, mas da criatura; não do ser, mas do ente: simplesmente enuncia a insuperável limitação do mundo.

4.2. Contra os "idola": uma hermenêutica conseqüente

A impagável vantagem do rodeio ponerológico reside em que permite, por fim, uma hermenêutica conseqüente. Superado o feitiço do "dilema escandaloso", o amor de Deus aparece em toda sua força como critério decisivo de todo o problema: nenhuma interpretação que ponha em questão esse amor pode ser verdadeira em termos cristãos. O Deus que cria por amor é por essência o *Antimal*, e todo discurso que não o situe sempre ao lado de sua criatura, lutando com ela contra os males que a mordem e ameaçam, fica *a priori* denunciado como radicalmente falso.

A aplicação deste critério se converte então em autêntico revelador dos numerosos prejulgamentos que, como autênticos *idola* baconianos, se foram acumulando sobre o problema, impedindo a clareza e distorcendo o sentido. De maneira muito breve e a título de mera insinuação, vale a pena assinalar alguns de especial relevância.

Seja o primeiro a necessidade de eliminar todo vestígio de lógica finalista, para instalar em seu lugar a única legítima: a *lógica do apesar de*. A essas alturas, a razão resulta óbvia: enquanto se introduz uma finalidade — Deus manda, permite ou não impede o mal *para*... garantir a harmonia do universo, para "fazer as almas"[19], para propiciar a virtude... —, se está implicando que o contrário era possível. Mas então se conjuram todos os demônios, e de novo cobram vigor todas as objeções. Porque, como bem sublinhou Jean Nabert[20], e mostra cada dia a mais radical experiência da humanidade — que jamais precisa de uma pergunta prévia para compreender a prioridade absoluta da luta contra ele —, o mal é *injustificável*.

Só seu caráter inevitável, como limite negativo que necessariamente acompanha a criação do finito, *apesar de não ser de modo algum querido*, evita que sua presença rompa a legitimidade da criação. Só assim é possível a difícil coerência que buscamos. A famosa *boutade* de Stendhal, afirmando que "a única desculpa de Deus é que ele não existe", representa uma boa confirmação *a contrario*: aguda face a uma lógica finalista, aparece agora superficial e sem sentido.

Mais unido a este do que à primeira vista poderia parecer, está um segundo ídolo mais sutil: o da existência de *vítimas privilegiadas* por causa de uma suposta "eleição". Ídolo sem contornos precisos e de difícil definição, mas por isso mesmo de enorme eficácia, que na história se fez sentir em algumas teorizações do martírio e que na atualidade se faz presente no que poderíamos chamar uma certa "absolutização do Holocausto".[21] Os profetas já sabiam do perigo inerente à categoria eleição: o de tender a se converter em privilégio. Porque então se reintroduz a lógica finalista. Até para o mal: se somos escolhidos, por que estas coisas acontecem *conosco*? Com isso, o mal é atribuído — de novo — diretamente a Deus, convertendo-se ou em "castigo" ou em "abandono" ou ainda em "missão". Grande parte das abordagens do Holocausto, desde o *After Auschwitz* de Rubinstein,[22] até certo ponto inaugural a esse respeito, tem subjacente este pressuposto; e a partir dele — mas só a partir dele — se torna lógica a terrível pergunta: pode-se orar depois de Auschwitz?

Já se compreende que esta reflexão não trata de salvar um iota no horror do Holocausto, mas de introduzi-lo na *única e verdadeira universalidade*: a das vítimas. Holocausto é ali onde existe o mal: o mesmo em Auschwitz que na Sibéria, o mesmo nos escravos da África que nos índios da América, o mesmo em Hiroshima que no Congo ou na Chechênia, o mesmo nos pobres de Yahweh que nos despossuídos da América Latina. Pois, para sê-lo, a vítima não necessita de outro título nem de outra credencial que ela mesma; por isso, como acerca do "rosto" Lévinas nos ensinou, para pôr-se do seu lado sobram as perguntas e seriam obscenas as condições.

De outro modo se correm dois perigos que podem acabar se voltando contra todos. Em primeiro lugar, rompe-se a universalidade, pois, ao distinguir entre vítimas e vítimas, criam-se inevitavelmente as *infravítimas*, que podem acabar tornando-se invisíveis. É o que tantas vezes ocorreu com os ciganos, os homossexuais e os deficientes do Holocausto, e pode continuar acontecendo com todos os que se encontram nas distintas periferias, sem voz própria nem companheiros competentes: falando em América Latina, não custa recordá-lo, e a África pode em muitos aspectos ser outro exemplo.[23]

O outro perigo representa por sua vez um terceiro ídolo, talvez menos grave, porém teologicamente perverso: o de *fazer as vítimas melhores do que Deus*. Seriam aquelas que, crendo-se ao mesmo tempo eleitas e castigadas, "beijam o bastão que as golpeia", permanecendo fiéis à aliança *apesar de Deus* e ainda contra Deus.[24] Um recurso desesperado, que nascido de certas narrações hassídicas contagiou também algumas teologias cristãs. Seguramente generoso em sua intenção, é um ídolo perverso, inclusive aplicado a Cristo e a sua fidelidade.[25] Perverso, não por ser malicioso[26] ou porque traga algum dano a Deus, mas porque pode trazê-lo, em definitivo, às vítimas. Sem o pretender, ao converter Deus em causa de seu mal, rouba-lhes a única esperança verdadeira de salvação.

Assinalemos ainda um último ídolo: o de encerrar a revelação antes do tempo ou, dito de outra maneira, o de *dar a Jó a última palavra*. O mistério do mal é muito profundo, e mais profundo ainda é o abismo do amor de Deus: toda a história é pouca para sondá-los. A teologia do livro de Jó representa *uma etapa* decisiva, e em muitos aspectos Jó continua sendo "nosso contemporâneo".[27] No entanto, sem negar a grandeza desse livro magnífico, sua resposta é ainda parcial e fica a meio caminho, enquanto mostra a falsidade da doutrina tradicional da *retribuição*: a desgraça é sempre castigo de Deus, assim como a felicidade é seu prêmio. Contudo, sua pergunta fica sem resposta, pois a "resposta" de Deus é só um obrigá-lo a calar-se, esmagado pela incompreensível magnitude da criação, mas deixando intacto o pressuposto de que Deus poderia, se o quisesse, evitar o mal.[28] Neste sentido, Hans Küng tem razão quando afirma que o Evangelho começa ali onde acaba Jó.[29] O que nos torna cristãos é justamente crer que a última e definitiva luz *historicamente possível* nos chegou na cruz e na ressurreição de Cristo.[30] Nela, sim, tornou-se possível para a teologia uma visão distinta.

5. Esperança e ressurreição

5.1. A cruz: dura cátedra da última lição

Seguramente na possibilidade de denunciar esses "ídolos", já estava operando o impacto da cruz, pois não em vão vivemos em sua *Wirkungsgeschichte*. No entanto, por sua vez, eles são os que permitem captá-la em seu verdadeiro sentido, libertando-a dessa *turpissima theologia crucis* que a encobriu até o incompreensível e ainda até o *teologicamente* blasfemo. Com efeito, ao interpretar o crime do Calvário como "um acontecimento entre Deus e Deus"[31], perverte radicalmente seu sentido, porque sem o pretender converte em verdugo o Pai que por amor tem de suportar que lhe matem o Filho, transformando seu amor em "ira", e fazendo de um brutal assassinato humano um "castigo" divino sem misericórdia. Isto deveria precaver inclusive contra o enorme perigo de contaminação que atinge expressões "tradicionais" acerca do *silêncio de Deus*, de seu distanciamento ou abandono na cruz, usadas com demasiada facilidade, inclusive em teologias que já abandonaram essa concepção e protestam contra ela.[32]

Bem sei que essas expressões de minha parte são demasiado brutais e, sobretudo, resultam profundamente injustas com a intenção e mesmo com a paixão religiosa dessa teologia. Mas é preciso pronunciá-las com clareza, para deixar a descoberto o perverso de sua lógica *objetiva*. Neste sentido, nunca valorizaremos o bastante o realismo das novas cristologias que, com seu proceder "a partir de baixo", nos devolveram a verdade mais elementar: a de ver Jesus como *vítima*.

Vítima histórica e concreta, golpeada pelo mesmo mal que, em suas diversas formas, nos atinge a todos. Por isso, precisamente seu destino ilumina nossas vidas como acabou iluminando a sua. Por isso, pode suscitar as diversas formas de teologia política e da libertação.[33] Por isso, definitivamente, nos atrevemos a dizer que na cruz culmina o processo histórico da revelação sobre o mal.

Enrique Dussel[34], a partir da filosofia, e Jon Sobrino[35], a partir da teologia, têm insistido, com razão, em que é preciso pensar não só *sobre* as vítimas, mas *a partir das* próprias vítimas, a partir de sua perspectiva e sua posição. Levando isso em conta, creio que teologicamente devemos falar da cruz como o lugar da "última lição" de Jesus, em sentido ativo e passivo. Ou seja, lição para ele, e *por isso* também para nós.[36]

Para ele, antes de tudo. Sem dúvida, resulta forçada a hipótese de Albert Schweitzer, quando afirma que Jesus subiu a Jerusalém para "forçar" o cumprimento de seu destino por parte de Deus[37]; e nem sequer é seguro, como diz, entre outros, Günther Bornkamm, que subisse para buscar "a decisão definitiva".[38] Mas é certo que toda a mentalidade bíblica, começando pelos Salmos, estava dominada pela concepção que esperava a ajuda de Deus em forma de intervenções históricas a favor dos justos. Que não chegasse nenhuma ao Calvário era um aparente triunfo para os inimigos, que por isso se burlam: "Confiou em Deus: pois que o livre agora, se é que se interessa por ele" (Mt 27,43). E teve de ser o grande desconcerto de Jesus. Por alguma razão, Marcos e Mateus se atrevem a pôr em sua boca a angustiada invocação do Salmo 22: "Deus meu, Deus meu, por que me abandonaste?" (Mt 27,46).

O admirável foi que sua profunda experiência do *Abbá* como amor incondicional o levasse a intuir de alguma maneira a verdade definitiva. Tudo nos leva a pensar e crer que Jesus confiou em que, *apesar de tudo*, Deus estava com ele: que, embora a eliminação empírica desse mal concreto não fosse possível dentro da história, isso não significava abandono e muito menos maldição.[39] Lucas soube expressá-lo, pondo em sua boca estas palavras reveladoras: "Pai, em tuas mãos entrego o meu espírito" (Lc 23,46). E a Epístola aos Hebreus não teme qualificar isso como duro e real aprendizado, "com gritos e lágrimas" (Hb 5,7-9).

Lição também para os discípulos. Para Jesus, foi aprendizado final e em trânsito, que terminou já na glória da outra margem, fazendo-se claridade definitiva ao se encontrar ressuscitado nos braços do Pai. Para eles, ficou como semeadura, que teria de estender seu fruto no tempo da história.

Processo difícil, para o que contribuíram a luz que chegava do Antigo Testamento com a idéia de ressurreição recém-conquistada, e, sobretudo, a nova clareza que emanava da vida de Jesus, com sua bondade voltada para o pobre e o sofredor, com a autoridade de sua palavra, e finalmente com a "experiência de contraste" de sua morte vista já como martírio: isso *não podia ser* a última coisa, pois Deus não poderia consentir em que seu Justo "visse a corrupção" (At 2,31).

Um caminho complexo que se cristalizou nas vivências individuais e comunitárias de uma nova presença de Jesus, que, arrancado por Deus do poder da morte, foi reconhecido como vivo em pessoa e como o que — presente, embora invisível, na comunidade — os animava a continuar sua missão. É o que, num processo agora indecifrável em seus detalhes, permitiu formular a *idéia cristã da ressurreição*, que, culminando a tradição anterior, desencadeou a nova e definitiva compreensão do modo de Deus estar presente em nossa história. Portanto, pondo também os cimentos da nova visão de sua relação com o mal e suas vítimas.

5.2. *A ressurreição: presença salvadora de Deus no mal humano*

Tirar as conseqüências não era fácil. Mas, lentamente e com aspectos da antiga visão nunca de todo superados, foi emergindo a compreensão definitiva. Sucedeu mais na experiência concreta que na reflexão explícita, por causa justamente da riqueza que naquela se encerrava.

Mas ali estava o dado irrefutável: enquanto processo submetido a leis históricas, a crucifixão — o mal — não podia ser evitada. Foi o que se refletiu no famoso *dei*, ou "é necessário", então ainda demasiado traduzido nas categorias "mitológicas" (permita-se que eu use a expressão sem maiores explicações) de um desígnio divino.[40] Porém essa necessidade, vista a partir do destino de Jesus, já não significava um abandono por parte de Deus, mas aparecia como o *único modo possível* de sua presença. Presença já não intervencionista e empiricamente vitoriosa como ainda se interpretava na primeira Páscoa, quando se acreditava que Deus endureceu o coração do Faraó, matou os primogênitos egípcios e lançou ao mar seus exércitos. Agora se compreendia sua diferença: real, mas não intervencionista; amorosa, mas sem poder assegurar o triunfo dentro da história.

Mais ainda, graças a Jesus, a ressurreição, ao ser reconhecida como já *plena e presente*, aparece em toda sua profundidade como resposta de Deus ao problema do mal. Ela punha a descoberto de maneira definitiva o verdadeiro caráter, ao mesmo tempo real e transcendente, da ação divina. Por ser *transcendente*, a ressurreição não interfere nas leis da história: por isso, nem põe fim ao mundo nem tem de esperar ser realizada — de modo empírico — em um reino milenarista. Mas é *plena e real*, porque verdadeiramente resgata Jesus do mal, elevando-o a sua realização acabada e gloriosa: a ele em pessoa, e já agora, sem esperar o fim do mundo. Por isso, a ressurreição se converte em foco retrospectivo que projeta uma nova luz não só sobre a presença divina na vida do Crucificado, mas também em toda a história da humanidade. As conseqüências são decisivas.

Em primeiro lugar, paradoxalmente, a ação salvadora de Deus se revela como *a máxima possível* nas condições da história. Porque já não é só a do Deus misterioso de Jó, que lhe fecha a boca e deslegitima seu protesto, mas deixando-o obscuramente remetido — e submetido — ao abismo incompreensível de sua grandeza e de seu poder; poder que continua sendo visto como o que dá "a morte e a vida" (1Sm 2,6). Agora é a presença do *Abbá* de Jesus, que nos permite já estar seguros de que sua grandeza é *só* amor e que seu poder consiste *só* em ajudar; de sorte que dele *só* nos pode vir a vida. Jesus ainda teve de suportar o assalto da dúvida na cruz, necessitando de toda sua confiança para superar a angústia e o desconcerto. Porém, graças a ele, nós estamos em melhores condições: já não temos o direito de pôr em dúvida que por detrás do mal não se esconde um Deus que abandona, cala ou se desentende, mas um *Abbá*, que está voltado para nós com toda a força e a atividade de seu amor compassivo e libertador.[41]

Em segundo lugar, ilumina-se de maneira definitiva o que estava já presente, mas não suficientemente reconhecido, em toda a história santa. A morte-ressurreição de Jesus tornou possível "romper o véu" (Mc 15,38 e par.) dos preconceitos objetivantes e mitológicos com que o espírito humano tende a encobrir a ação divina: a ação daquele que, criando-nos e sustentando-nos por amor, se mostrou na fundação mesma do Antigo Testamento como o que se compadece da "aflição de seu povo" (Ex 3,7), e que com Jesus se mostrou preocupado com cuidado amoroso de *tudo* — até de "um cabelo de nossa cabeça" (Lc 21,18) — e de *todos e todas*, principalmente dos feridos pelo mal — "bem-aventurados os pobres" —, sem que sequer os maus e os injustos fiquem excluídos (cf. Mt 5,45). É o Deus que *está sempre conosco*, pois "não cessa nunca de trabalhar" (Jo 5,17), fazendo todo o possível para romper o poder do mal. Compreendemos assim que, se este não resulta vencido em todas as suas manifestações, não é porque Deus não queira fazer mais, mas porque nas condições da história isso não é possível, *da mesma forma que* não lhe foi possível livrar Jesus do cálice da paixão.

Em terceiro lugar, isto implica uma *inversão radical das perspectivas*. De repente, torna-se claro o que devia sê-lo desde o princípio: que é Deus e não nós o primeiro empenhado na luta contra o mal, e que *por isso* é ele quem está contínua e incansavelmente solicitando nossa colaboração. Só o obscurecimento objetivante de nosso olhar pôde impedir ver o evidente: um Deus que se manifesta compadecendo-se do mal de um povo oprimido e solicita a colaboração de Moisés; que depois, sobretudo através dos profetas, não se cansa de repetir essa solicitude; que finalmente, com Jesus, resume tudo no único encargo do amor: um amor nada ideal, mas tão concreto como a luta contra a fome, o cárcere ou a nudez.

Essa inversão de perspectivas resulta de conseqüências tão radicais e transcendentes, que cada vez estou mais convencido de que a tentativa de tirá-las constitui uma das tarefas mais decisivas e urgentes de uma teologia que queira ser verdadeiramente atual.[42]

O caso do mal é um exemplo, e em outros lugares tratei de mostrar que não o é menos o da *oração de petição*, tão imediatamente relacionada com ele. Diante do mal do mundo, continuar repetindo a Deus que "escute e tenha piedade", significa *objetivamente* uma perversão das relações: a quem está suscitando em nós a compaixão pelo próximo, pretendemos "recordá-lo dela"; e a quem nos está convocando sem descanso a que colaboremos com ele contra a dor de seus filhos e filhas, tentamos convencê-lo para que "seja compassivo".[43] (Psicanaliticamente valeria a pena analisar a linguagem empregada, em busca de uma possível relação oculta entre a *submissão* excessiva — "escuta e tem piedade": a ninguém se fala nesses termos hoje em dia — e o *ressentimento* ou a acusação velada: se as coisas não se modificam, Deus é o culpado.)

Mas não é este o caminho que a reflexão deve seguir agora. Ela deve concentrar-se já em mostrar não só que desse modo fica assegurada a coerência da esperança cristã, mas agora aparece como o melhor fundamento de uma esperança realista, capaz de dar sentido à existência e de fundar uma práxis que melhore a história, animando a colocá-la na direção justa que a mantenha aberta para a plenitude no Reino de Deus.

5.3. *Ponerologia e ressurreição: esperança práxica contra resignação e utopia*

Essa consciência realista e conseqüente de Deus como o que, sendo o primeiro e máximo interessado, nos convida a colaborar com ele na luta contra o mal, pede e funda sua realização na *práxis*.[44] Não se pode crer em Deus como libertador e antimal sem se implicar em sua luta contra a opressão e o sofrimento. A ponerologia permitia escapar à contradição teórica; a ressurreição nos liberta do desespero prático. Porque agora compreendemos que a impossibilidade filosófica da vitória total, devida à *finitude*, se abre sobre uma possibilidade insuspeitada, que se inicia já na história e que, para além dela, desabrochará em toda sua glória e plenitude.

É o *mistério* — agora, sim, mistério estrito, para *toda* a teologia — da salvação plena como triunfo inclusive sobre a morte. (O que obrigaria a mostrar — mas já dentro da *pisteodicéia* cristã! — que esta "impossível possibilidade" não é contraditória. Não cabe uma demonstração direta, mas não é impossível mostrar indícios que apontam nessa direção: o caráter específico da *finitude humana*, que já Tomás de Aquino qualificava como "infinitude finita"[45]; o poder do *amor*, que, segundo Hegel, faz com que minha essência esteja no outro[46]; e a misteriosa "identificação" com Deus que se nos dá numa *comunhão* tão plena, que, segundo são João da Cruz, torna Deus tão nosso como nós somos dele.[47] Mas não é este o caminho que interessa agora[48].)

Embora seja de modo meramente indicativo, convém mostrar a enormidade do que fica implicado nessa dialética que caberia qualificar como *realismo transcendente*. Realismo porque, aceitando as conclusões da *ponerologia*, não desconhece a dureza da história nem diminui num ápice a responsabilidade humana comum. Porém transcendente, porque a *ressurreição*, sem interferir no funcionamento autônomo do mundo e de suas leis, mostra que a vida humana não se reduz a elas. Por isso, este caráter, que marca sua grandeza, é também o que impede uma verificação imediata. Esta só pode ser rastreada de modo indireto em seus efeitos sobre a vida histórica. O desafio para os cristãos e as cristãs radica justamente em demonstrá-lo na coerência da fé e na eficácia da práxis. A ressurreição, libertada em Jesus de seu estreitamento apocalíptico, assegura essa possibilidade em duas dimensões fundamentais.

Em primeiro lugar, permite proclamar, sem cair no cinismo, *a dignidade das vítimas* e seu triunfo definitivo.[49] O destino de Jesus impede de reduzir a ação de Deus à caricatura apologética de um "prêmio" após o final da vida; ao contrário, mostra-a presente já agora, o quanto é possível na história, e assegura em qualquer caso seu resgate e plenitude final. Por isso, Jesus pôde chamar "bem-aventuradas" as vítimas do mal, pois é certo que Deus está do lado delas e que, por isso mesmo, sua vida — tomada em toda a profundidade e integridade — está salva nele: delas é/será o Reino.

A mais profunda nostalgia da Escola de Frankfurt — que o verdugo não triunfe sobre a vítima — aparece assim cumprida, sem com isso cair na heteronomia de um Deus que suprimisse nossa responsabilidade histórica.[50] Ao apoiá-la desde sua transcendência, funda-a sem a substituir e a convoca sem a alienar: chama e torna possível socorrer o ferido à beira do caminho; mas sua ação só se torna eficaz na responsabilidade livre do samaritano que a acolhe e a prolonga. Antecipando-se à acusação moderna, o Evangelho mesmo desqualifica todo escapismo religioso, seja por motivos cúlticos de sacerdotes seja por escrúpulos teóricos de escribas.

Em segundo lugar, a fé na ressurreição funda e promove o realismo histórico de uma *esperança práxica*, que se move entre os dois maiores riscos que ameaçam a verdadeira eficácia de todo compromisso contra o mal: a utopia e a desesperança.

Não cai na *utopia*[51], porque a ressurreição não assegura o desaparecimento da cruz nem sequer a vitória histórica sobre ela. O que a ponerologia mostrava pela via metafísica ela o mostrou pela via concreta dos fatos. Não promete, como ainda sonhavam muitos apocalípticos, o paraíso na terra, nem agora nem em nenhum "milênio", seja de sociedade sem classes seja de "comunidade ideal de comunicação". As ilusões de vitória total dentro da história — nos últimos tempos o temos saboreado até a saciedade e o horror — acabam levando a Auschwitz ou ao Gulag; e, como assinala Metz, a própria "comunidade ideal" passa com demasiada facilidade sobre a dor das vítimas.[52]

Mas nem por isso cai na *desesperança*. Porque a ressurreição, ao mostrar que a realidade em seu destino inteiro está envolvida por um Amor infinito, mais poderoso que o mal, retira deste a última palavra. Não nega sua terrível força histórica, mas não o reconhece como absoluto.[53] Mais ainda, sabe que, definitivamente, ele já está vencido, pois nem sequer seu bastião aparentemente irredutível, a morte — o "inimigo último" (1Cor 15,26) —, pode com nossa vida. Por isso, é possível a esperança. Uma esperança que sabe por fim que nada existe que a obrigue a se render ou se resignar, pois à experiência histórica dos pequenos triunfos sobre o mal soma-se a promessa firme da vitória final. Uma esperança que por isso pode ser afirmada quando — tal como tantas vezes acontece — tudo parece apontar para o contrário: "Esperança contra toda esperança" (Rm 4,18).

De sorte que, face ao que tantas vezes se lhe reprovou, e mesmo sem negar que em demasiadas ocasiões a conduta dos crentes deu lugar para isso, longe de desativar a luta histórica, a esperança cristã lhe insufla o alento e a coragem definitivos, pois confere a cada vitória, por pequena que seja, uma importância infinita. Posto que as conquistas sobre o mal não acabam com a morte, nem sequer "um copo de água" ou uma palavra amável ficam sem repercussão literalmente eterna. O Vaticano II soube expressá-lo bem: "A esperança escatológica não diminui a importância das tarefas temporais; ao contrário, proporciona novos motivos de apoio para seu exercício".[54]

Ao final deste tópico convém, não obstante, insistir em eliminar pela raiz todo equívoco futurista. A referência à ressurreição implica um componente essencial de *futuro*, no sentido de que só através dela é possível pensar em uma plenitude definitiva, que não pode ser possível na imanência histórica. Porém, esse futuro só é concebível em sua união indissolúvel com o *passado*, que através da memória aviva o fundamento da esperança e, sobretudo, com o *presente*.

A teologia atual vem sublinhando essa última dimensão, ao mostrar a total solidariedade entre a cruz e a ressurreição: o Ressuscitado é o Crucificado. Sua esperança se cumpriu, porque viveu seu presente na confiança, no amor e no serviço: só vivendo como ele — "seguindo-o" — cabe falar seriamente da esperança como plenificável na ressurreição.[55]

Christian Duquoc, em um capítulo que merece ser lido integralmente[56], insistiu com aguda fineza teológica em que essa centralidade do presente resulta essencial no anúncio evangélico: "Os tempos se cumpriram" (Mc 1,15), porque "o Reino de Deus chegou" (Mt 4,17). Por isso, em Jesus, carecem de relevância tanto a Aliança como a Promessa, já que aparece em sua "vontade de declinar no presente o que habitualmente se conjugava no futuro".[57] O papel de sua palavra e de sua vida, que culmina na Páscoa — na ressurreição — consiste em deixar manifesta a presença não visível sem mais, contudo real e atuante, da salvação de Deus na história atual: "Se, como anuncia Jesus, o tempo se cumpriu, o presente é onde se inicia a libertação de que o futuro será fruto. Por isso, Jesus diz que são necessários olhos para ver, porque se a angústia, seja qual for, não é percebida no presente, tampouco o será no futuro". Daí igualmente a insistência jesuânica "na volta do coração, porque sem a atitude resultante dela o presente se reduz ao efêmero estendido entre um passado que desvanece e um futuro que ainda não se deu".[58]

A alusão final à "volta do coração" — à conversão — constitui uma boa chamada para introduzir o último tema da presente reflexão, o da virtude da esperança.

6. Cultivar a esperança

Ao iniciar este capítulo, eu dizia que em nosso tempo o problema do mal coloca o cristianismo diante de um desafio de enorme radicalidade, posto que lhe pede expressar a fé de sempre em uma situação com desafios inéditos. Levá-lo a sério significa uma tarefa inacabável, que só cabe enfrentar em comum. O estilo, atento sobretudo ao "trabalho do conceito", pode ter parecido demasiado frio diante dessa terrível "paisagem de gritos e gemidos"[59] que sombreia o horizonte. Porém, se o trabalho tiver contribuído para reforçar em algum ponto a coerência da esperança cristã, talvez ajude a perceber o essencial: que nesse panorama tantas vezes desolado habita o amor de um Deus que põe sua glória em acompanhar com ternura incansável todos os crucificados e crucificadas da terra e que empenha seu poder em resgatar todas as vítimas da história. Agora só podemos perceb̂ê-lo "em espelho e de maneira confusa"; porém, como mostra a vida de Jesus, isso não impede que esteja *já aí*; e seu destino acabado em morte-ressurreição nos assegura que um dia será clara e gloriosa bem-aventurança para todas as pessoas.

6.1. A esperança, *virtude teologal*

Por isso a esperança cristã, tomada em sua íntima e íntegra dialética, é ao mesmo tempo tão necessária e tão difícil.[60] Não pode dar-se por descontada. Os desafios foram sempre graves. E ainda por cima, nossa cultura os agrava com seu hábito da suspeita permanente. De Feuerbach a Marx e a Freud, passando por Nietzsche e continuando pelos inumeráveis seguidores, a desconfiança ou inclusive a acusação se tornaram crônicas: esperar equivaleria ou à mera "projeção" de um *wishful thinking*, que converte em realidade o medo e o desejo, ou então à "evasão", que dispensa da dura tarefa terrena mediante imaginárias compensações de caráter ultraterreno... Afirmações deste teor se converteram em um autêntico manual de tópicos e argumentos que não são de fácil enfrentamento para a subjetividade cristã. É forte o assédio atual a que hoje se vê submetida a já por si mesma frágil virtude da esperança.

Talvez se tenha observado que até aqui a palavra "virtude" esteve ausente do discurso. A ausência foi intencionada, porque, como insinuava na única alusão direta (capítulo II, item 1.1), não se tratava de entrar nos complexos meandros do discurso tradicional acerca da virtude da esperança[61], mas principalmente de buscar as linhas de sua estrutura fundamental. O que, por outra parte, coincide com a tendência da teologia atual de não se centrar no aspecto subjetivo, mas de privilegiar, por um lado, a análise de seu objeto — aquilo que esperamos — e, por outro, o valor da esperança como princípio hermenêutico para interpretar a partir dela a teologia cristã.[62]

Mas agora, ao final, para fazer a necessária justiça a sua integridade, é preciso recuperar a importância de seu cultivo como virtude, a fim de ajudar e assegurar sua sobrevivência no áspero pedregal do presente. Frágil como uma criança, conforme a conhecida expressão de Charles Péguy, a esperança forma parte dessa tríade das virtudes que fundamentam de maneira tão radical a vida cristã, que por isso são as únicas que recebem o nome de *teologais*, ou seja, de virtudes enraizadas nas próprias entranhas de Deus. Tal enraizamento as liga numa unidade indissolúvel, em circularidade interfecundante, de sorte que a esperança é sustentada pela fé e pela caridade, ao mesmo tempo em que ambas são sustentadas por ela: por sua larga, humilde e sofrida paciência.

Pode sustentá-las, porque, como viemos insistindo desde o princípio, encontrou em Deus o único apoio, seguro e inabalável, capaz de sustentar a constitutiva fragilidade da existência humana. Um apoio sempre oferecido e sempre disposto por parte de Deus, mas que nós necessitamos acolher e assimilar contra a obscuridade da dúvida, o vento da suspeita e a maré da tentação que não cessa. É justamente para tanto que a esperança necessita da ajuda das duas virtudes-irmãs. Até aqui a reflexão se ocupou antes de tudo da ajuda que lhe vem da *caridade*, pois sem ela, sem o contínuo e paciente exercício nos trabalhos e nos dias da vida cotidiana e do compromisso histórico, a esperança religiosa degenera em utopia ilusória ou em simples e esterilizante auto-engano.

É chegado o momento de falar também da ajuda que a *fé* lhe oferece, como a virtude que torna consciente a presença viva do fundamento e se abre a sua eficácia. Só voltando continuamente sobre ele pode a esperança sustentar-se. É o que diz bem a Carta aos Hebreus: "A fé é o cimento vivo — a *hypóstasis*, o que está debaixo sustentando — daquilo que se espera" (Hb 11,1).[63] Por isso, se antes recorríamos à objetividade da práxis, para assegurar o realismo da esperança, agora é preciso acentuar o pólo da fé, para fazê-la consciente e receptiva face à Presença que a fundamenta e garante. A esperança só pode manter-se viva e atuante à medida que se sabe apoiada em Deus e se esforça por viver-se nele e a partir dele.

A importância dessa verdade se compreende bem *a contrario*, por contraste com aquelas posturas que, conseqüentes com sua negação do fundamento divino, reconhecem honestamente o resultado, como, por exemplo, as de Jean Rostand, Jacques Monod e Bertrand Russell:

> [o homem] sabe que sua febril atividade não é senão um pequeno fenômeno local, efêmero, sem significado e sem propósito. Sabe que seus valores unicamente valem para ele e que, do ponto de vista sideral, a queda de um império, ou mesmo a ruína de um ideal, não contam mais que o afundamento de um formigueiro sob o pé de um passante distraído.
>
> Portanto, não terá mais recurso que se esforçar por esquecer a imensidade bruta que o esmaga e o ignora. Rechaçando o estéril delírio do infinito, surdo ao aterrador silêncio do espaço, se esforçará por fazer-se tão incósmico como inumano é o universo.[64]
>
> Se aceita esta mensagem em toda a sua significação, é preciso que o homem enfim desperte de seu sonho milenar para descobrir sua solidão total, sua estranheza radical. Agora, sabe que, como um cigano, está à margem do universo onde deve viver. Universo surdo à sua música, indiferente às suas esperanças, como a seus sofrimentos ou a seus crimes.[65]
>
> O homem é o produto de causas que não tinham nenhuma previsão da meta que se estava realizando; sua origem, seu crescimento, suas esperanças e temores, seus amores e crenças não são mais que o resultado de colocações acidentais de átomos; nenhum fogo [...] pode preservar a vida individual para

além do sepulcro [...]; o templo inteiro da realização humana será inevitavelmente sepultado sob os escombros de um universo em ruínas.[66]

Bem sei que cabem posturas mais resignadas, que falam de "instalação na imanência"[67] ou que tentam dar saída ao impulso da abertura humana mediante outros recursos como a aludida "imanentização da transcendência". Se escolhi estes três autores, não é para estabelecer uma polêmica, nem sequer para tornar a tarefa mais fácil para mim, mas unicamente para ressaltar melhor o específico da esperança bíblica, situando-a diante do espelho invertido de sua negação mais abrupta. Desse modo, aparecem em todo o seu peso tanto a importância decisiva de seu núcleo fundante como a necessidade de cultivar a fé que, vivenciando-o e acolhendo-o, alimenta a esperança.

6.2. Oração e esperança

A tradição bíblica representa neste aspecto um modelo insuperável e uma reserva inesgotável de alento e de modelos que, bem interpretados, mostram os caminhos a seguir.

Começando pela própria concepção da verdade como *emet*, que, sem excluir sua validade teórica, a põe, sem dúvida, à sombra de sua significação verdadeiramente fundamental: a segurança daquilo que se sabe fundamentado na fidelidade (*emunah*) de Yahweh, que traduz a verdade em confiança firme; e, a partir dela, em esperança que, apoiada na memória da salvação passada, se torna capaz de enfrentar o presente e arriscar o futuro.[68] Nesse sentido, e em boa parte graças ao impacto de Lutero, vai a acentuação da *fides qua*, ou seja, da fé "com a que se crê", porque confia em Deus, fiando-se de sua fidelidade; desse modo se conjura o perigo de reduzi-la unicamente à *fides quae*, àquilo "que se crê", às "verdades" e doutrinas, que são necessárias, mas que podem converter-se em mero tributo dos lábios ou em seca ortodoxia.

Aí lança suas raízes um traço inconfundível da *oração bíblica*, que aparece constantemente no Primeiro Testamento. Diante das durezas da vida, o crente acode constante a Deus como rocha e castelo, ao amparo e refúgio, à força salvadora a quem pode confiar seu futuro (cf., por exemplo, Sl 18,2-3; 91,2). E, por isso, apesar de tudo, apesar da perseguição e da injustiça, da enfermidade e da pobreza, da angústia e da própria morte, logra manter aceso o fogo da esperança. Fogo sempre ameaçado, mas nunca vencido de todo, pois sempre mantém no fundo essa última e inapagável chama da confiança na fidelidade inquebrantável de Yahweh. Não cabe negar as oscilações subjetivas, às vezes terríveis; mas definitivamente a esperança logra ultrapassar a obscuridade, dando alento e iluminando a vida. Consciente da ameaça, a Bíblia sabe que Deus é o único apoio verdadeiro. Ela o expressa em forma negativa: "Se não crerdes, não subsistireis" (Is 7,9). Contudo, firme na esperança, proclama-o em forma positiva: "Nenhum mal temerei, pois estás junto a mim" (Sl 23,4).

E no Novo Testamento esta segurança se afirma até o inconcebível, graças ao Deus de ternura infinita anunciado por Jesus de Nazaré. Se há um sentimento que ele tenta incutir na consciência de seus ouvintes, é a *confiança* filial diante daquele a quem, a partir do abismo misterioso de sua própria experiência, proclama como *Abbá*. Confiança diante de um Criador que, se se preocupa dos lírios do campo e dos pássaros do céu, *muito mais* se preocupa de seus filhos e de suas filhas (cf. Mt 6,25-30; Lc 12,22-28). Confiança diante de um Deus a quem, adorado em toda sua grandeza, não duvida em chamá-lo *Abbá*, convidando-nos a invocá-lo com idêntico nome e idêntica confiança: "Quando orardes, dizei Pai" (Lc 11, 2). (Este é com toda probabilidade o começo autêntico do Pai-nosso, pois "que estás nos céus" é um acréscimo de Mateus; e debaixo de "pai" está o aramaico *Abbá*, que, como a própria sonoridade insinua — *abbá / papá* —,[69] remete à confiança absoluta das crianças pequenas, seguras de que por elas seu pai/mãe está disposto/a a tudo.)

E já fica indicado que os primeiros seguidores o compreenderam assim, sem tolices mas sem abatimentos. Sabem que continua pendente a ameaça da desconfiança que nasce da angústia diante da própria culpa; contudo, "se o nosso coração nos acusa, Deus é maior que o nosso coração, e conhece todas as coisas" (1Jo 3,20). E que o perigo pode assediar; porém, seja o que for, desde a perseguição até a própria morte, "nada poderá nos separar do amor de Deus" (Rm 8,39).

Citações já referidas que, vistas em seu contexto real, sublinham assim mesmo algo muito importante: *filial* de forma alguma significa "infantil". Certos tópicos, muito destacados a partir de Freud, podem assinalar abusos de fato, mas são profundamente injustos para com a realidade verdadeira. Para vê-lo, basta um olhar isento à figura de Jesus: ele, que na história humana foi o máximo proclamador da paternidade divina, não só foi capaz de enfrentar as maiores autoridades políticas e religiosas de seu tempo, mas também soube manter sua fidelidade e sua honradez até enfrentar uma morte que, como enfatiza são Paulo, foi nada menos que a terrível "morte de cruz" (Fl 2,8).[70]

A essa precisa maturidade fica referida a esperança cristã. Esperança lúcida, que desde o princípio conta com a advertência de que, dureza da vida, "o discípulo não é maior que o mestre" (Mt 10,24; Lc 6,40). Por isso, diante de toda tentação de infantilismo ou de paralisia, a todo seguidor do Nazareno urge que se esforce em crescer até "a idade adulta, até a maturidade da plenitude de Cristo" (Ef 4,13).

Era preciso recordar estas coisas, não só para aproveitar no que a acusação externa tem de justo contra a deformação ou o abuso, mas também, e sobretudo, pela necessidade interna de preservar a autenticidade da esperança. E, uma vez mais, por este lado reaparece o problema do *cuidado da oração*. A Bíblia é modelo inigualável, mas seria mal utilizada se, mantendo-se uma leitura fundamentalista, se persistisse em manter a letra da *petição*, em um mundo que, no físico, já superou toda visão mítica de um intervencionismo divino na marcha empírica do mundo e, no psicológico, desmascarou a armadilha dos restos imaginários da "onipotência infantil"; restos muito incrustados em nosso inconsciente, mas que devem morrer na confrontação adulta com o "princípio de realidade".

A oração cristã não pode ser um mendigar intervencionismos divinos perante as necessidades, os abusos ou as desgraças humanas. Porque então — para propor um exemplo típico — resulta inevitável o perigo da assunção implícita de que, como na "oração dos fiéis" se deixa Deus encarregado da tarefa, nós podemos voltar tranqüilos para nossa casa.[71]

A oração tem de ser significativa e verdadeira *hoje*, não porque sejamos melhores ou piores, mais ou menos maduros que nossos antepassados, mas porque *esta* é nossa cultura. E hoje só pode ser vivida como alimento real da esperança se procura tornar-nos sensíveis à presença do Deus que jamais nos abandona, mas que não nos infantiliza; do Deus que, "criando-nos criadores", nos potencia e nos apóia para que sejamos *nós* os que vivamos nossa vida, exerçamos nossa liberdade e enfrentemos nossos limites. Isso implica a assunção do "princípio de realidade", na consciência lúcida de que nunca venceremos de todo enquanto dure a história. Mas não anula a fé em que nada pode matar nossa esperança, porque o mal não tem a última palavra. Graças a Jesus, aprendemos a lição definitiva de que a cruz não significa abandono por parte de Deus; ao contrário, nela, apesar dela e contra ela, ele nos acompanha já agora e, vencendo a morte, fará com que tudo acabe em ressurreição.

Essa é a dureza, mas também a glória da esperança cristã. A essa autenticidade somos chamados, alimentando-a com uma oração que, fiel à absoluta iniciativa divina e deixando-se convencer por ela, avive de verdade a fé, se traduza em responsabilidade efetiva e anime uma atitude realista. Definitivamente, a maturidade cristã consiste em perder as ilusões e, apesar disso, manter a esperança.

Nesse sentido, o diagnóstico freudiano sobre "o futuro de uma ilusão" pode servir de aviso saudável. Mas, à luz da ressurreição, as cristãs e os cristãos sabemos — ainda que devamos aprender sempre — que o que morre é só a "ilusão". A esperança não morre, porque se apóia num amor mais forte que a morte e seu porvir é a eternidade. Expressou-o bem a Carta aos Hebreus:

Assim, dois atos irrevogáveis
[a promessa e o juramento: a fidelidade amorosa],
nos quais não pode haver mentira por parte de Deus,
nos comunicam consolação segura,
a nós que tudo deixamos
para conseguir a esperança proposta.
A esperança, com efeito, é para nós
qual âncora da existência, segura e firme,
penetrando para além do véu,
onde Jesus entrou por nós
como precursor [...] (Hb 6,18-20).

Notas

[1] "A época em que vivemos é a época da crítica, à qual tudo tem de submeter-se. A religião, pela sua santidade, e a legislação, pela sua majestade, querem da mesma forma desligar-se dela. Contra elas levantam então justificadas suspeitas e não podem aspirar ao sincero respeito, que a razão só concede a quem pode sustentar o seu livre e público exame" (Prólogo à 1ª ed. da *Crítica da razão pura*. Trad. Alex Marins, São Paulo, 2003, p. 17).

[2] A frase, tantas vezes citada, está em *La muerte de Danton*. In: *Obras Completas*. Madrid, 1992.

[3] Este é o sentido em que cabe aceitar a afirmação corrente, repetida por P. RICOEUR, de que a teodicéia começa com Leibniz ("Le mal: em défi à a philosophie et à a théologie". In: *Lectures 3. Aux frontières da philosophie*. Paris, 1994, pp. 211-233 [211-212]). G. NEUHAUS indica acertadamente: "A acusação contra Deus, lançada contra ela à vista do sofrimento histórico, só na Idade Moderna adquire uma auto-compreensão atéia" ("La teodicea. ¿Abandono o pulso a la fe?". In: J. B. METZ (dir.). *El clamor de la tierra. El problema dramático de la Teodicea*. Estella, 1996, pp. 29-70 [35]; remete a seu estudo *Theodizee – Abbruch oder Anstoß des Glaubens?* Freiburg, 1994, pp. 46-121).

[4] Na base desta discussão do problema do mal, estão outros trabalhos mais amplos; cf. principalmente: "Mal". In: *Conceptos Fundamentales del Cristianismo*. Madrid, 1993, pp. 753-761; "El mal en perspectiva filosófica". In: *Fe Cristiana y Sociedad Moderna*. n. 9, Madrid, 1986, pp. 178-194; *Replanteamento actual da teodicea: Secularización del mal, "Ponerología", "Pisteodicea"*. In: (M. Fraijó – J. Masiá [eds.]). *Cristianismo y Ilustración* (Homenaje al Prof. J. Gómez Caffarena). Madrid, 1995, pp. 241-292 (resumido em "El mal inevitable: Replanteamento de la Teodicea". In: *Iglesia Viva 175/176* [1995] pp. 37-69; "Mal y omnipotencia: del fantasma abstracto al compromiso del amor". In: *Razón y Fe* 236 (1997) pp. 399-421 (ampliado em *Do terror de Isaac ao Abbá de Jesus. Por uma nova imagem de Deus*. São Paulo, Paulinas, 2001, pp. 181-264).

[5] *Réponses aux questions...* In: *Oeuvres Diverses* III, p. 668; cit. por J.- P. Jossua. *Discours chrétien et scandale du mal*. Paris, 1979, p. 18.

[6] *Der Gottesbegriff nach Auschwitz. Eine jüdische Stimme*. Frankfurt a. M., 1987.

[7] *Le mauvais Démiurge*. Paris, 1969, pp. 9-26.

[8] Esta impressão se confirma a cada leitura. Um exemplo eloqüente, precisamente pela alta qualidade de suas contribuições, é oferecido pela obra em colaboração, *El clamor de la tierra*, antes citada: comparem-se as proclamações da "necessidade imperiosa de justificar" (p. 34; cf. 10 e 76) nos três autores com a renúncia ulterior a enfrentar o problema propriamente teórico.

[9] Também o viu muito bem M. Fraijó. *Dios, el mal y otros ensayos*. Madrid, 2004, p. 73: "O destino desse Deus é bem curioso. Os seres humanos nos relacionamos com ele em dois tempos. Primeiro o acusamos pelo fato de que haja tanto mal no mundo; e, num segundo momento, postulamos sua existência para que o remedie. Desta forma é, quase ao mesmo tempo, a grande objeção contra Deus e a condição de possibilidade de sua existência. Parece impossível, à vista de tanto sofrimento, que Deus exista; e seria terrível, à vista de tanta dor, que Deus não existisse. É o que diz Pascal: 'É igualmente incompreensível que Deus exista e que ele não exista.'" (A citação de Pascal encontra-se em *Pensamentos* [Col. Os Pensadores], São Paulo, 1973, fr. 230).

[10] Cf. A. Camus. *La peste*. In: *Obras completas* 1, México, 1947. Cf. as excelentes considerações de G. Neuhaus. op.cit., pp. 51-68.

[11] Unem-se a esta tese, embora com certas reservas, J. Gómez Caffarena. "Dios en la filosofía de la religión". In: J. Martín Velasco – F. Savater – J. Gómez Caffarena. *Interrogante: Dios*. Madrid, 1996, p. 82 (reconhece seu acordo "no essencial") e M. Fraijó. *Dios, el mal y otros ensayos*. Madrid, 2004, p. 46 ("Isto supõe que a raiz última do mal é a finitude, hipótese para a qual tendo a inclinar-me"), apesar de que antes a havia rechaçado decididamente: *A vueltas con la religión*. Estella, 1998, p. 145.

[12] *Essais de Théodicée*. In: C. J. Gerhardt. *Die philosophischen Schriften von Gottfried Wilhelm Leibniz*. VI, reimpr., Hildesheim, 1996, p. 121.

[13] Isto também Leibniz o viu, sem chegar talvez à aplicação (suficientemente) expressa: "L'âme serait une Divinité, si elle n'avoit que des perceptions distinctes" (ibid., p. 137; cf. pp. 233-235). Já na teologia, não se chega à clareza a esse respeito: cf. em uma só página as opiniões de K. Rahner, R. Guardini e J. B. Metz in: J. B. Metz (dir.). *El clamor de la tierra. El problema dramático de la Teodicea*. Estella, 1996, p. 16. Já do ponto de vista da filosofia, K. Jaspers assinala muito bem que na culpa estamos diante de uma "situação-limite" e, portanto, inevitável: *Philosophie II. Existenzerhellung*. Berlin/Heilderberg/New York, 1973, pp. 246-249; cf. pp. 170-174. 196-200. M. Heidegger é talvez mais radical: *O ser e o tempo*. Petrópolis, 2000.

[14] Cf. sobretudo *Finitud y culpabilidad*. Madrid, 2003.

[15] *Epistolae*, n. L (*Opera*. ed. Gebhardt, 4, 420).

[16] Cf., por exemplo, o "Prólogo" à *Fenomenologia do espírito*. Petrópolis, 1999.

[17] Aparece claro no "dilema do estudante", que, vindo do medievo, é reproduzido por F. J. Tipler: "Se Deus é onipotente, então poderia fazer uma pedra tão pesada que nem ele mesmo poderia levantá-la. Mas, se nem sequer ele pode levantá-la, então não é onipotente!". Ao que responde com toda razão: "A onipotência de Deus não se encontra limitada pela habilidade humana de dizer tolices. A onipotência de Deus só quer dizer que ele pode realizar qualquer coisa que não seja logicamente impossível" (*La física de*

la inmortalidad. Cosmología contemporánea: Dios y la resurrección de los muertos. Madrid, 1996, p. 333).

[18] Isto é bastante evidenciado pela postura de J.-P. Jossua. "¿Repensar a Dios después de Auschwitz?" In: *Razón y Fe* 233 (1996), pp. 65-73 (traduzido do número de janeiro de 1996 da revista *Études*), que, tratando de evitar tanto a falta de *poder* como de *bondade* em Deus, se refugia em sua "incompreensibilidade".

[19] Aludo à expressão que, tomada de John Keats (*The vale of Soul-making*), usa J. Hick, introduzindo elementos *finalísticos* que debilitam a conseqüência de sua postura, em alguns aspectos semelhante à aqui proposta (*Evil and the God of Love*. London, 1978). Cf. as objeções de B. L. Whitney. *What are they saying about God and evil?* New York, 1989, pp. 42-46.

[20] J. Nabert, *Essai sur le mal*. Paris, 1958 (algo que P. Ricoeur sempre recorda com ênfase). Dostoievski e Camus tinham razão: bastaria o sofrimento de uma criança, se fosse evitável, para questionar toda a criação. Também G. Büchner enfatiza a mesma coisa: "A mais ligeira convulsão dolorosa, ainda que só seja a de um átomo, provoca uma ruptura de cima a baixo na criação" (*La muerte de Danton*. In: *Obras Completas*. Madrid, 1992, pp. 77-134 [112]).

[21] Debate presente não tanto na história (cf. o "debate dos historiadores" entre E. Nolte e J. Habermas) quanto na teologia, e também na filosofia: cf., a propósito do livro de N. Finkelstein. *L'industrie de l'Holocauste*. Paris, 2000; os trabalhos de T. Todorov e T. Sgev em *Le Monde Diplomatique* (ed. espanhola, abril, 2001, pp. 10-11). Acentuam a singularidade J. B. Metz – E. Wiesel. *Esperar a pesar de todo*. Madrid, 1996, assim como R. Mate no prólogo à dita obra (p. 14). A bibliografia a respeito é quase inabarcável.

[22] *After Auschwitz. Radical Theology and Contemporary Judaism*. New York/London, 1966.

[23] E. Dussel conta que, depois de reconhecer um taxista judeu como "vítima" dos nazistas, se encontra no dia seguinte com um palestino que lhe diz: "Nós somos os judeus de Israel!" (*Ética de la liberación en la edad de la globalización y la exclusión*. Madrid, 1998, p. 394, nota 286). Pessoalmente fiz notar há tempo que isto vale inclusive para a revelação, indicando, a

propósito da obra de F. Mussner, *Tratado sobre los judíos* (Salamanca, 1983), que à postura teológica neste ponto "seguramente não é alheia [...] a uma certa 'má consciência' cristã — e alemã — pela contribuição à injusta história do judaísmo. Mas não parece o melhor caminho buscar a saída em novas formas de um certo particularismo; melhor buscar juntos um novo e autêntico universalismo, que acolhendo por igual a todos, torne impossíveis novas discriminações. Unicamente a igualdade fraternal entre todos pode livrá-los dos perigos de ser excluídos ou excludentes" (*A revelação de Deus na realização humana*. São Paulo, 1997).

[24] É, por exemplo, o caso — que quanto ao mais, dado como real, resulta ser uma criação novelesca — do rabino de Varsóvia, Yissek Rackover, que tomando o terror nazista como "castigo de Deus", lhe diz: "Tu fizeste tudo para que eu não cresse em ti! Porém eu morro exatamente como vivi: numa fé inquebrantável em ti". Tomo a citação de Jean Marie R. Tillard. "Nosaltres, som els darrers cristians?" In: *Qüestions de Vida Cristiana* 190 (1998), pp. 9-21, que não só a repete ao longo do texto, mas também faz dela o fecho de sua, por outra parte, lúcida e excelente reflexão: "Crerei sempre em ti, apesar de ti". Não é casual que Jossua, no artigo citado, comente este caso a propósito do problema do mal. Cf. mais considerações em A. Torres Queiruga. *Do terror de Isaac. Por uma nova imagem de Deus*. São Paulo, Paulinas, 2001, pp. 181-264.

[25] Inclusive um teólogo como J. B. Metz, que com razões profundas se defende contra todas as especulações gnosticizantes neste terreno ("Un hablar de Dios sensible a la teodicea". In: *El clamor de la tierra*, op. cit., pp. 19-23), pode cometer um lapso a esse respeito: "O clamor de Jesus na cruz é o clamor daquele que havia sido abandonado por Deus, mas que jamais havia abandonado a Deus" (*Ibid.*, p. 25).

[26] Ainda aqui o cuidado deve ser intenso e jamais a vigilância será excessiva. Mantendo o pressuposto de que Deus "poderia mas não quer", não faltam autores que tiram explicitamente a conseqüência de que o homem é melhor que Deus. É o que fazem nada menos que Jung e Bloch. "Jó ficou em maior altura moral que Yahweh" — C. G. Jung. *Antwort auf Job* (1952). In: *Gesammelte Werke XI*. Olten, 1973, p. 434. "Um homem pode ser melhor, portar-se melhor que seu Deus" (E. Bloch. *Atheismus im Christentum. Zur Religion des Exodus und des Reiches*. ed. Rowohlt, Hamburg, 1970, p. 106).

[27] Cf. G. Langenhorst. *Hiob unser Zeitgenosse. Die literarische Hiob-Rezeption im 20. Jahrhundert als theologische Herausforderung*. Mainz, 1994.

[28] Reconhecem-no J. R. Busto. *El sufrimento. ¿Roca del ateísmo o ámbito de la revelación divina?* Madrid, 1988, pp. 22-23, e P. Sacchi. *Historia del Judaísmo en la época del Segundo Templo.* Madrid, 2004: "Ainda que a obra vibre com uma profunda sensibilidade religiosa, não oferece uma resposta racional aos problemas que apresenta, porque não é racional responder que é necessário aceitar sem a pretensão de compreender" (p. 203). "Assim o livro impressiona mais pelos muitos problemas que apresenta e por certas soluções que deixa entrever, que por sua conclusão" (p. 204; cf. pp. 201-206).

[29] *Gott und das Leid.* Einsiedeln/Zürich/Köln 1997, p. 52.

[30] Numa concepção atenta à *historicidade* da revelação, isso deveria, a meu ver, estar por cima de toda discussão, coisa que nem sempre fica clara nas discussões atuais: cf. as informações, considerações e dúvidas a respeito em W. Oellmüller. "No callar sobre el sufrimento". In: J. B. Metz (dir.). *El clamor de la tierra*, op. cit., pp. 71-93 [pp. 90-93]; também: J. Vermeylen. *Job, ses amis et son Dieu.* Leiden, 1986; Idem. *El Dios de la promesa y el Dios de la Alianza.* Santander, 1990, pp. 219-222, 265-267, 309-310. Também se ocupou do problema o número monográfico de *Concilium* 307 (2004): "O Deus de Jó".

[31] Aludo a J. Moltmann. *El Dios crucificado.* Salamanca, 1975, p. 216, como sintoma de uma síndrome mais ampla: cf. B. Sesboüé. *Jesucristo, el único mediador.* Salamanca, 1990, pp. 78-94, oferece uma boa antologia das enormidades que ao longo dos últimos séculos se disseram a respeito; o mesmo autor intitula o tópico: "Um florilégio sombrio".

[32] Para acudir uma vez mais, por sintomática, à obra *El clamor de la tierra*, cf. o que se diz nas pp. 25, 69-70, 77 (que abarcam os três autores).

[33] A teologia feminista retoma de sua perspectiva esta visão crítica, denunciando os sofrimentos adicionais que aquela má teologia causou às mulheres (o que explica certos exageros) e tratando de fazer valer seus valores libertadores: cf. um bom panorama em E. Schüssler Fiorenza. *Cristología feminista crítica.* Madrid, 2000, pp. 141-182.

[34] *Ética de la liberación*, op. cit., p. 332. Na nota, indica que aí se realizou

inclusive uma mudança em sua ética. "Devo confessar que a diferença entre minha Ética dos anos 70 [...] e a atual é exatamente esta 'perspectiva'; ou seja, desejo deter-me na 'posição' da vítima primeiramente, para só posteriormente descrever as 'reações' a partir da 'perspectiva' do científico, filósofo ou especialista 'comprometido praticamente' na luta das vítimas" (p. 392, nota 241).

35 Já no próprio título: *A fé em Jesus Cristo. Ensaio a partir das vítimas*. Petrópolis, 2000.

36 Destas idéias me ocupo mais amplamente no livro *Repensar a Ressurreição. A diferença cristã na continuidade das religiões e da cultura*. São Paulo, Paulinas, 2004.

37 Já em sua obra *Das Mesianitäts — und Leidensgeheimnis. Eine Skizze des Lebens Jesu*. Tübingen (1901), 1956 (tradução ao castelhano: *El secreto histórico de la vida de Jesús*. Buenos Aires, 1967). Cf. uma ampla discussão em: H. GROOS. *Albert Schweitzer. Größe und Grenzen. Eine kritische Würdigung des Forschers und Denkers*. München/Basel, 1974, pp. 223-233.

38 *Jesus von Nazareth*. KOHLHAMMER 1971, p. 143; cf. todo o capítulo 7, pp. 141-154. Estuda bem toda esta questão H. SCHÜRMANN (¿*Cómo entendió y vivió Jesús su muerte? Reflexiones exegéticas y panorámica*. Salamanca, 1982, pp. 41-49), com a bibliografia fundamental. Cf. a riquíssima informação de N. T. WRIGHT. *Jesus and the Victory of God*. Fortress Press, Minneapolis, 1996, *passim*, principalmente cap. 12/7, pp. 592-611.

39 Recorde-se: "Maldito o que pende do madeiro" (Dt 21,23; Gl 3,13), embora não convenha exagerar o alcance desta frase, pois dá por suposto que se trata de alguém pendurado justamente, não de alguém como o Servo Sofredor ou dos que por sua fidelidade à fé morrem crucificados como mártires.

40 O mesmo ocorre com outros "restos", que os evangelistas põem tanto na boca de Jesus — o Pai poderia enviar "mais de doze legiões de anjos" (Mt 26,53) — como de seus adversários.

41 Neste sentido, E. Wiesel tem mais razão que muitos teólogos, quando afirma que talvez os cristãos não possam entender "a rebelião contra Deus", embora eu procure mostrar que isso ocorre por razões justamente contrárias

[41] às que ele aduz: cf. J. B. Metz — E. Wiesel. *Esperar a pesar de todo*. Madrid, 1996, p. 101.

[42] Neste sentido vai também a ênfase das últimas obras de J. M. Castillo. *El Reino de Dios. Por la vida y la dignidad de los seres humanos*. Bilbao, 1999; *Dios y nuestra felicidad*. Bilbao, 2001; *Víctimas del pecado*. Madrid, 2004.

[43] Cf. mais amplamente A. Torres Queiruga. "Más allá de la oración de petición". In: *Iglesia Viva* 152 (1991), pp. 157-193; com algumas variações: "A oración de petición: de convencer a deixarse convencer". In: *Encrucillada* 83/17 (1993), pp. 239-254 e no livro *Recuperar a criação. Por uma religião humanizadora*. São Paulo, 1999, cap. 6, pp. 289-345.

[44] Permitam-me chamar a atenção, uma vez mais, sobre esta necessária conexão entre a práxis e uma *justa* teoria. É a única correta: a renúncia — tão generalizada — à coerência teórica mediante o refúgio imediato, ou seja, sem adequada mediação reflexiva, na *práxis*, pode valer como solução desesperada para sair do impasse. Depois pode envenenar todo o processo.

[45] Cf. B. Welte. *Über das Böse. Eine theologishce Untersuchung*. Freiburg/Basel/Wien, 1959, pp. 15-17 (traduz *endliche Unendlichkeit*).

[46] "O amor é a consciência e sentimento da identidade destes dois, de existir fora de mim e no outro: eu não possuo minha autoconsciência em mim, mas no outro; mas este outro [...] não tem sua autoconsciência senão em mim" (*Filosofía de la Religión* II. Madrid, 1987, p. 192). Cf. *Escritos de Juventud*. México, 1978, pp. 261-266, 274-278, 335-338...; *Vorlesungen über die Ästhetik* II. ed. Suhrkamp, t. 14, pp. 154-159 e 182-190, em que ele amplia mais tais idéias.

[47] "[...] porque, sendo ela [a alma] aqui uma mesma coisa com ele, de certa maneira ela é Deus por participação, que, ainda que não tão perfeitamente como na outra vida, é, como dissemos, como sombra de Deus. E, nesta proporção, sendo ela por meio dessa substancial transformação sombra de Deus, ela faz em Deus por Deus o que ele faz nela por si mesmo ao modo que [ele] o faz, porque a vontade dos dois é uma, e assim a operação de Deus e dela é una. Daí que como Deus se lhe está dando com livre e graciosa vontade, assim também ela, tendo a vontade tanto mais livre e generosa

quanto mais unida a Deus, está dando a Deus ao próprio Deus em Deus, e é verdadeira e inteira dádiva da alma a Deus. Porque ali a alma vê que verdadeiramente Deus é seu, e que ela o possui com possessão hereditária, com propriedade de direito, como filho de Deus adotivo, pela graça que Deus lhe fez de dar-se-lhe a si mesmo, e que, como coisa sua, lhe pode dar e comunicar a quem ela quiser; e assim, dá-se a seu querido, que é o mesmo Deus que se deu a ela; no qual ela paga a Deus tudo o que lhe deve, porquanto voluntariamente lhe dá outro tanto como dele recebe" (*Llama de amor viva*, canc. III, 78. In: *Vida y Obras Completas*. BAC, Madrid, 1964, pp. 913-914).

[48] Cf. os desenvolvimentos nos trabalhos sobre o mal antes indicados.

[49] Sobre este tema, por sorte tão visitado na teologia atual, cf. M. FRAIJÓ. *Jesús y los marginados. Utopía y esperanza cristiana*. Madrid, 1985; J. M. MARDONES – M. REYES MATE et al. *La ética ante las víctimas*. Barcelona, 2003.

[50] Uma boa síntese desta problemática, com a bibliografia fundamental, pode ser vista em J. J. SÁNCHEZ. "Religión como resistencia y solidaridad en el pensamiento tardío de Max Horkheimer", que antepõe como "Introducción" a sua edição de M. Horkheimer. *Anhelo de justicia. Teoría crítica y religión*. Madrid, 2000, pp. 11-48.

[51] Já se compreende que estou dando um significado muito concreto à palavra "utopia": o de afirmação da possibilidade do paraíso-na-terra e a conseqüente decisão totalitária de realizá-la a qualquer custo. Cabem outros usos terminológicos, como o de J. B. LIBÂNIO ("Esperanza, utopía, resurrección". In: I. ELLACURÍA — J. SOBRINO (eds.). *Conceptos fundamentales de la teología de la liberación II*. Madrid, 1990, pp. 495-510, que, jogando com as etimologias (*u-topía*, não lugar; *eu-topía*, bom lugar), aproveita seu possível sentido positivo, mas denunciando seu mau uso, "que conduz ao totalitarismo, como demonstraram o nazismo e o stalinismo" (p. 504). Como a coincidência de fundo é total, basta esta mera indicação terminológica.

[52] J. B. METZ — E. WIESEL. *Esperar a pesar de todo*. Madrid, 1996, pp. 41-43.

[53] "O problema é, pois, respondido pelo fato de que a comunidade com Deus, que desde já é participada, supera a diversidade dos tempos; que

pela união com Deus, que desde já nasce da promessa e da fé que a leva a sério, o indivíduo está indissoluvelmente unido com o Reino de Deus e já não pode perder-se, que o Reino de Deus para ele já não pode ser perdido" (H. Gollwitzer. *Krummer Holz –aufrechter Gang. Zur Frage nach dem Sinn des Lebens*. München, 1970, p. 328).

54 *Gaudium et Spes*, n. 21.

55 Cf., por exemplo, minha exposição em *Repensar a Ressurreição*, op. cit., pp. 185-240.

56 *El único Cristo*. Santander, 2005, pp. 79-102. Com um certo toque pontualizador a respeito das teologias da libertação, que, não obstante, deve ser tomado com cautela: pode ser válido a respeito de certas ênfases; não a respeito do fundo autêntico, pelo que nunca agradeceremos o bastante.

57 Ibid., p. 92.

58 Ibid., p. 97.

59 J.B. Metz, em (J. B. Metz — T. R. Peters). *Pasión de Deus. La existencia de órdenes religiosas hoy*. Barcelona, 1992, p. 25, que atribui a expressão a Nelly Sachs.

60 Insiste nesta dualidade F. Martínez Díez. "Esperanza". In: *Nuevo Diccionario de Pastoral*. Paulinas, Madrid, 2002, pp. 461-476, que sintetiza aqui sua obra *El milagro de la esperanza*. Caracas, 1999.

61 Uma boa e rica exposição deste, à parte os tratados clássicos, pode ser vista em J.-H. Nicolas. "Espérance". In: *Dictionnaire de Spiritualité* 4 (1958), pp. 1208-1233.

62 Faz bem esta observação G. Piana. "Esperanza". In: *Diccionario de Espiritualidad*. Paulinas, Madrid 1983, pp. 446-454, na p. 446. Cita J. Moltmann em sua Teología de la esperanza, ao afirmar que "em sua integridade, e não só num apêndice, o cristianismo é escatologia: é esperança [...]. Uma teologia autêntica deveria ser concebida, por isso, a partir de sua meta no futuro. A escatologia deveria ser, não o ponto final da teologia, mas seu começo" (pp. 20-21).

63 Cf. o comentário de A. Gesché. "A esperança como sabedoria". In: Idem. *O sentido*. São Paulo, Paulinas, 2005, pp. 113-137 (Deus para pensar, 7).

[64] J. Rostand. *L'homme*. Gallimard, Paris, 1962, p. 175 (tradução espanhola: *El hombre*. Alianza, Madrid, 1995).

[65] J. Monod. *O acaso e a necessidade*. Petrópolis, 1976, p. 190.

[66] B. Russell. *Mysticism and Logic and Other essays*. London, 1918, pp. 47-48; citado por J. Hick. *The Fifth Dimension. An Exploration of the Spiritual Realm*. One World, Oxford, 1999, p. 20.

[67] É bem conhecida a tese do folheto de E. Tierno Galván. *¿Qué es ser agnóstico?* Madrid, 1975.

[68] A bibliografia é inabarcável. Podem ser vistas duas exposições muito acessíveis em X. Léon-Dufour. "Verdad". In: *Vocabulario de Teología Bíblica*. Barcelona, 1973, pp. 930-935 [N.T.: tradução brasileira: *Vocabulário de Teologia Bíblica*. Petrópolis, 1987] e H. G. Link. "Verdad (*alézeia*)". In: *Diccionario Teológico del Nuevo Testamento* 4. Salamanca, 1984, pp. 332-344, principalmente pp. 332-336.

[69] Como se sabe, esta foi a grande insistência de J. Jeremias. *Abba*. In: Idem. *Abba. El mensaje central del Nuevo Testamento*. Salamanca, 1993, pp. 18-89. Os esclarecimentos que se lhe fizeram serviram para mostrar que não se tratava de uma exceção absoluta; mas continua sendo verdade que esse modo de se dirigir a Deus por parte de Jesus indica uma atitude excepcional. Cf. G. Vermes. *Jesus the Jew*. Philadelphia, 1981, 210-211 [N.T.: tradução brasileira: *Jesus, o judeu*. São Paulo, 1990]; J. Barr. "Abbá isn't Daddy". In: *Journal of Theological Studies* 39 (1988), pp. 28-47; J. Schlosser. *El Dios de Jesús*. Salamanca, 1995, pp. 183-213; N. T. Wright. *Christian Origins and the Question of God. 2: Jesus and the Victory of God*. Fortress Press, Minneapolis, 1996, pp. 648-650; S. Guijarro Oporto. "Dios Padre en la actuación de Jesús". In: *Estudios Trinitarios* 34 (2000), pp. 33-69 (condensado: "El compromiso filial de Jesús". In: *Selecciones de Teología* 41/161 [2002], pp. 3-20).

[70] Cf. P. Ricoeur. "La paternité: du phantasme au symbol". In: Idem. *Le conflit des interprétations*. Paris, 1969, pp. 458-468 [N.T.: tradução portuguesa: "A paternidade: do fantasma ao símbolo". In: *O conflito das interpretações*. Porto, s/d, pp. 457ss]; C. Domínguez Morano. *Crer depois de Freud*. São Paulo, 2003.

[71] Sei que isto, sobretudo olhando para a intenção e a boa vontade dos crentes, é uma caricatura injusta (por isso falo de "perigo"). Mas é preciso chamar

fortemente a atenção sobre esta estrutura *objetiva* que está fazendo um dano enorme e causando um forte escândalo em mentalidades abertas.

Sumário

Prólogo..7

Capítulo 1
Elpidologia: a esperança como existencial humano 13

   1. A nova situação cultural: necessidade de uma "elpidologia".............. 14

   2. O âmbito da esperança... 17

      2.1. Enraizamento ontológico e "espera" cósmica........................ 17

      2.2. A esperança humana e seu estudo..................................... 20

      2.3. Fenomenologia elementar da esperança 23

   3. A esperança como interrogante aberto...................................... 26

      3.1. Esperança, felicidade e sentido... 26

      3.2. Esperança e fundamento... 28

4. As respostas não religiosas 31
    4.1. As posturas extremas 31
    4.2. As posturas intermediárias 33
5. A resposta religiosa 35
    5.1. A mudança de clima cultural 35
    5.2. A pressão do transcendente 38
6. A resposta cristã 41
    6.1. Renovar a fundamentação 41
    6.2. Coerência na idéia de Deus 43
Excurso: A "saudade", entre a angústia e a esperança 47
    1. Delineamento 47
    2. A "saudade" como abertura absoluta 50
    3. Caráter mediador da saudade 55
    4. A saudade como "inocência do sentimento" 58

Capítulo 2
A estrutura fundamental da esperança bíblica 71

1. Para um novo esquema da história da salvação 72
    1.1. Um esquema profundamente deformado 72
    1.2. O esquema a partir do Deus que cria por amor 77
2. A continuidade criação-salvação 80
    2.1. Mudança de paradigma nas relações entre criação e salvação 80
    2.2. Não livrar-se (tão) facilmente de Bultmann 83
    2.3. A possibilidade e a necessidade da mudança 88
3. O significado religioso da criação 92
    3.1. O comum e o específico na idéia bíblica 92
    3.2. Caráter ativo, mas não intervencionista, da atividade criadora 97
4. As conseqüências da nova visão para uma teologia da esperança 101
    4.1. Uma esperança pessoal 101

4.2. Uma esperança realista 105
4.3. Uma esperança universal 109
4.4. Uma esperança absoluta 112

Capítulo 3
A realização da esperança: o mal a partir da cruz e da ressurreição 121

1. A esperança perante o desafio do mal 122
2. Uma nova radicalidade 126
3. A ponerologia: romper o dilema de Epicuro 130
4. A pisteodicéia cristã: a coerência de crer em Deus apesar do mal 136
    4.1. O problema da coerência: caminho curto e caminho longo 136
    4.2. Contra os "idola": uma hermenêutica conseqüente 139
5. Esperança e ressurreição 144
    5.1. A cruz: dura cátedra da última lição 144
    5.2. A ressurreição: presença salvadora de Deus no mal humano 147
    5.3. Ponerologia e ressurreição: esperança práxica contra
         resignação e utopia 152
6. Cultivar a esperança 158
    6.1. A esperança, virtude teologal 159
    6.2. Oração e esperança 163

CADASTRE-SE

www.paulinas.org.br

para receber informações sobre nossas novidades na sua área de interesse:

• Adolescentes e Jovens • Bíblia
• Biografias • Catequese
• Ciências da religião • Comunicação
• Espiritualidade • Educação • Ética
• Família • História da Igreja e Liturgia
• Mariologia • Mensagens • Psicologia
• Recursos Pedagógicos • Sociologia e Teologia.

Telemarketing **0800 7010081**

Impresso em papel Reciclato® 75 g/m², o primeiro papel offset brasileiro 100% reciclado, produzido em escala industrial.
Paulinas Editora abraça a causa da preservação do meio ambiente, com vistas a construir o presente e garantir o futuro.

Impresso na gráfica da
Pia Sociedade Filhas de São Paulo
Via Raposo Tavares, km 19,145
05577-300 - São Paulo, SP - Brasil - 2007